宋朝进行时

偏安江南

〔卷肆〕

野狐狸 著

岳麓书社·长沙

图书在版编目(CIP)数据

宋朝进行时:偏安江南/野狐狸著. —长沙:岳麓书社,2024.4
ISBN 978-7-5538-1969-3

Ⅰ.①宋… Ⅱ.①野… Ⅲ.①中国历史—宋代—通俗读物
Ⅳ.①K244.09

中国国家版本馆 CIP 数据核字(2023)第 230183 号

SONGCHAO JINXING SHI:PIAN'AN JIANGNAN

宋朝进行时:偏安江南

作　　者:野狐狸
出 版 人:崔　灿
出版统筹:马美著
策划编辑:李郑龙
责任编辑:牛盼盼
营销编辑:谢一帆　唐　睿　宋　茜
责任校对:舒　舍
装帧设计:东合社—安宁

岳麓书社出版发行

地址:湖南省长沙市爱民路47号
直销电话:0731-88804152　0731-88885616
邮编:410006

版次:2024 年 4 月第 1 版
印次:2024 年 4 月第 1 次印刷
开本:880mm×1230mm　1/32
印张:12.75
字数:295 千字
ISBN 978-7-5538-1969-3
定价:68.00 元

承印:长沙超峰印刷有限公司
如有印装质量问题,请与本社印务部联系
电话:0731-88884129

历史如何说

——代序言

历史已经离我们远去，对很多人来说，那就是一部部厚重的典籍，让人望而生畏。

其实，历史仍一直流淌在我们的血液里，它所蕴含的真假、善恶、美丑，都萦绕在我们身边，从未消失。

有人说过，一切历史都是当代史。

写一部好看的历史，一直是我心中的一个梦想，我希望能够凭着自己的一支笔，把一段沉睡的历史唤醒，让大家能清晰地看到它的原貌，感受到它的脉搏。

一直以来，我们的历史教育都显得有点"刻板"。政治事件排列在前，经济文化点缀在后，王朝更替、人物更替，如是而已。我想，历史首先是人的历史，每一个历史人物都应该鲜活生动，有血有肉，他们有优点有缺陷，有时胸怀大志，有时私心作祟，一如你身边的张三、李四。

不仅历史人物如此，一个王朝、一项制度、一个经济现象、一种文化形式都有它特定的产生条件和演进规律，就像一个人的成长过程一样。

所以，历史作品不是历史小说，它不仅要告诉大家一个个精彩的故事，还要传递出有温度的历史观。

基于个人偏好，我决定写一写宋朝的故事，讲述公元960年至1279年两宋三百多年的历史，邀请宋太祖赵匡胤、千古名臣范仲淹、改革家王安石、大文豪苏东坡、民族英雄岳飞、爱国诗人文天祥……来到我们的身边，共同进行一次千年神游。

当然，我写的仍是正史，史实来源既包括《续资治通鉴长编》《宋史》《建炎以来系年要录》等宋代史料，也包括《涑水记闻》《邵氏闻见录》等笔记杂谈，写作中还会参考近现代宋史研究领域的专家著述。文章以讲述宋代的政治事件为主线，穿插描述那时的制度、经济、文化乃至社会生活，同时也融入自己对历史的看法、观点，旨在全面客观地展现那个绚丽时代。

宋代的历史不好写，因为宋朝总给人积贫积弱的印象，一有外战总是习惯性掉链子，宫斗戏也显得成色不足，偶尔碰到几个熟悉的大文人，还会唤醒你"全文背诵"的酸楚记忆。但是，宋朝也有自己的亮色，它的文治风韵、翰墨风华，任何一个时代都无法比拟；它的印记，留在每个人的吃穿住行里，从未消失。

我希望，通过我的描述，能让那段历史活过来，就像发生在我们身边一样，是"进行时"而不是"过去式"。

宋朝进行时！

是的，它就是一段正在发生的历史。

目录

第一章 幸运儿

公选皇帝

靖康二年（1127）三月，金军终于走了。他们带走的，除了不计其数的人口、财物，两个可怜可恨的皇帝，还有历史上的北宋。

当然，金人也不是白拿东西，他们还给宋朝人留下了一份纪念品——新皇帝。

金人在向宋钦宗赵桓宣读废立诏书时，就声称要安排一个新人代赵氏家族统治中原。于是，在临走前，他们草草做了一番安排。

选定的新皇帝也不是外人。

张邦昌。

张邦昌的事迹，在《宋史》里是进了《叛臣传》的，地位比奸臣还不如。奸臣也就祸国殃民，叛臣却是变节投敌，更为人不齿。

其实，如果你认真考察史实就会发现，张邦昌这骂名，多少背得有点委屈。

前面说过，张邦昌是赵桓登基后当上宰相的，他为人胆小懦弱，一直属于主和派。靖康元年（1126），张邦昌和康王赵构一起去金营当人质，差点还因为姚仲平的夜袭事件丢了小命，幸亏他能言善辩，一口咬死夜袭事件属于宋朝将领个人行为，才没被金军所杀。

金人第一次北撤后，张邦昌主张按照约定割让太原、中山、河间三镇土地，但那个时候危机已经解除，赵桓也有点后悔，结果张邦昌被大家骂成了软骨头，免去宰相一职。

靖康二年正月，金军再次兵临开封，赵桓被迫来到金营，张邦昌是赵桓身边的随从官员之一。

关于张邦昌当上皇帝的原因，有两个版本。

第一种说法，张邦昌是公选出来的。金人虽然决定废黜赵桓，却没想好让谁继续当傀儡，干脆让留在开封城内的宋朝大臣们自己选举一个出来。

这种思路听上去很夸张，却也不是不可能，因为金人自己刚从部落制转型过来，还保留着以前的工作思路，人家的部落联盟首领就是公推公选出来的嘛。一人一票，公平得很。

事情到了宋朝就犯难了。夏商周以来，家天下数千年，大家的思维早就固化了，皇位不是投胎得来，就是暴力取得（打江山），怎么可能是投票选出来的呢？

更要命的是，即便是选举产生，也没人愿意被选上啊。

一者，人心不服。二者，一堆烂摊子，没人想接。再者，谁也不肯背篡逆的骂名。

这个节骨眼儿上，所有宋朝大臣的心思都一样：谁爱当谁当，反正我不干。

但金人的命令又不能不执行，于是，开封城内的所有官员都傻眼了，选谁好呢？

会上，这群平日以唾液腺发达著称的官员出奇的安静，生怕自己不小心露了头，被人按在龙椅上。

最后，还是有一个聪明人出了个主意：要不咱们选一个不在场的人？

此言一出，顿时让与会官员如释重负：是啊，谁让他不在场呢，就当弃权了。

思路一拓宽，答案立刻就来了。

那个谁，张邦昌人呢？不在？就是他了！

与会人员一致同意，通过！

从这件事上，我们也可以得出一条重要的人生经验：但凡遇到重要会议，千万不可离场，哪怕想上厕所，你都得给我憋着。

这个版本多少有点戏剧性，估计有不少演绎的成分。

另一种说法，张邦昌是金人指定的唯一候选人。

张邦昌为人比较圆滑，善于逢迎，在和金人的接触中，深得其好感，金人有意让他接任皇帝。在金人的授意下，宋朝官员进行了一次象征性的推戴表决，在场官员除了极个别不怕死的以外，都不敢忤逆金人的意思，乖乖把张邦昌"推"了出来。

这是一个更加接近真实的版本。

不过，无论哪种说法，有一点可以肯定，张邦昌确实胆小懦弱、猥琐庸碌，确实不讨喜，但并未主动谋取这个皇位。

三月一日，张邦昌回到了开封，当他得知自己被推为皇帝时，干脆装病不下床了，任谁来劝说，死活不肯干。

不过，事到如今，也由不得他了。

第二天，金军就来催促：三天内马上立张邦昌为帝，否则屠城！

这下子，所有的官员都慌了，为了自己的脑袋，他们一面骗金人说张邦昌已经答应称帝，一面集体出动，玩命地劝说张邦昌。

张邦昌面对哭求的同僚，也很委屈："你们为了保住自己的小命，凭什么把我给卖了？"

张邦昌始终不答应，还闹起了绝食，被逼急了，甚至嚷嚷着要自杀。不过来游说的同僚更狠，甩出了一句："相公要寻死，怎么在城外不死？偏偏进了开封城寻死觅活，你这不是要祸害一城的生灵吗？"

要说这几句话是真毒！是啊，宰执大臣中，就属你和金人关系最好，不选你选谁？你早点自挂东南枝，我们自然不会烦你，金人也不会怨我们，现在你不答应，不是坑全城的人吗？

张邦昌听了这句话，被噎得哑口无言。

狠话说完，又有同僚来安慰张邦昌："你就暂时当一会儿皇帝，先把金人哄走了再说，到时候你想当伊尹还是王莽，还不是随你？"

伊尹是上古商朝的重臣，相传曾放逐暴虐昏庸的商王太甲，后来等太甲悔过自新了，又将政权交还。王莽则是西汉末年的权臣，他篡汉自立，创建了新朝。换句话说，同僚在委婉地规劝张邦昌，当皇帝是权宜之策，待金人走后，他想还政给赵氏，还是继续自己当皇帝，可以再做选择。

话说到这个份儿上，张邦昌也只能摇头苦笑了："也罢，就当我用老张家的全族性命换取一城人的性命了。"

三月七日，张邦昌正式接受金国的册封，定国号为大楚，以金陵（今江苏南京）为都城，统治疆域除了割让给金国的两河地区（即现在的山西、河北一带，山西当时又称河东），其余照旧。

从国号和都城来看，金人希望张邦昌建立一个以长江流域为统治中心的南方政权，彻底丧失和金国争霸的能力。

张邦昌按照金国使者的意思，战战兢兢地完成了拜谢、接受册命等一系列程序，成为了大楚国皇帝。

当上皇帝的张邦昌依旧诚惶诚恐，为了表明自己没有篡位的心思，他做足了文章。他拒绝百官叩拜，不升正殿、不坐皇帝的正椅、不用天子仪仗，甚至连供皇帝起居的大内都不迈入，还恭恭敬敬地在每个门上贴了封条，上书"臣张邦昌谨封"几字。

到了讨论政务的时候，张邦昌禁止官员呼拜万岁，也不称自己为"朕"，而是用"予"来代替。他下发的"圣旨"也不叫"圣旨"，而是称为"中旨"。他下达的"手诏"则改称为"手书"。

总之，张邦昌像避瘟疫一样地躲避着任何可能和皇帝身份发生联系的事物，生怕引起别人的误会。除非是接见金国使节的时候，他才会装模作样地敷衍一下。

为了把这个烂摊子守下去，张邦昌在金人撤离前还和他们谈妥了一些条件，诸如不毁赵氏宗庙，让金军留下一点金银恢复经济，放回一批宋朝大臣，三年后再迁都金陵，等等。

金人倒也爽快，一口答应了张邦昌的请求，临走还答应裁减每年要交纳的岁币数额。

此前，宋朝答应每年交给金国白银二十万两、绢三十万匹、铜钱一百万贯。这回，一次性减免铜钱一百万贯、银五万两、绢十五万匹。

也就是说，大楚国每年只需向金国交纳白银十五万两、绢十五万匹，合计三十万岁币，几乎回到了宋辽澶渊之盟时的标准（澶渊之盟为银十万两，绢二十万匹）。

金国这么给张邦昌面子，倒不是良心发现，他们只是希望这个傀儡政权的统治能够稳固一点。

一顿饱和顿顿饱的区别，金人还是拎得清的。

只是，历史的发展并不以人的意志为转移。事实证明，金人还是错判了形势的发展。

因为，当他们将赵氏皇族尽数裹挟到北方的时候，还有一个人，成了"漏网之鱼"。

康王出走

金国的入侵对诸多赵家皇族成员来说，是一场不折不扣的灭顶之灾，那些养尊处优的宗室权贵一夜之间沦为卑下的俘虏，不但要忍受饥饿寒冷，更要遭受来自敌人的各种凌辱和虐待。短短一年，他们的人生，从巅峰直坠深渊。

然而，这场给无数人带来苦难的浩劫，却意外成了一个人的命运转折点。

造化弄人，历史的聚光灯意外地打到了他的身上——康王赵构。

靖康之耻中的幸运儿。

对于子嗣繁多的赵佶来说，九子赵构实在太不起眼了。

赵构的母亲姓韦，韦氏生于元丰三年（1080），原是越州会稽（今浙江绍兴）人。她出身寒微，经人介绍在端王府做了一个侍婢。后来，端王赵佶变成了皇帝赵佶，韦氏也被带入宫中，她和另一个宫女乔氏一起负责侍候赵佶的宠妃郑氏。

韦氏和乔氏的关系非常好，两人结为姐妹，约定谁有朝一日富贵了，不能忘记提携对方。

后来，乔氏真的被赵佶看上了，而且深得宠幸。乔氏发达后也没忘记承诺，又找机会向赵佶引荐了韦氏。

赵佶对于女色，向来是韩信将兵——多多益善，立刻也把韦氏给"幸"了。不过，不知是不是因为韦氏姿色略逊一筹，她并没有如乔氏一样得到赵佶的宠爱。

幸运的是，韦氏把握机会的能力很强，仅被赵佶"幸"了一次，就有了身孕。

大观元年（1107），韦氏诞下一个皇子，那便是赵构。

据说，赵构少时长得既聪明又健壮。史载，他"博学强记，读书日诵千余言，挽弓至一石五斗"。同时，他还很有文艺细胞，在音乐、书法等方面都有两把刷子。

按宋朝的计量，挽弓一石五斗，大致相当于150斤的拉力，已经达到班直（最精锐的禁军士兵）的录用标准。

当然，也有人猜测，以上记载应该包含溢美的成分，毕竟人家后来当上了皇帝，往身上贴点金也属常规操作。

宣和三年（1121），赵构进封康王，又过了一年，他拥有了自己的藩王府邸。

韦氏在宫中的地位一直不高，直到赵佶退位前，她也只做得一个"婉容"，而她的好姐妹乔氏，早已位列贵妃（仅次于皇后），按照复杂的妃嫔等级计算，两人差了整整十一阶。

由于母亲出身低微，赵构在长长的皇子序列里，始终没什么存在感。

我们说过，在当年的皇太子竞争中，嫡长子赵桓拥有绝对优势，其次就是皇三子郓王赵楷。哪怕剔除这两位最有力的竞争者，还有肃王赵枢、景王赵杞等四个哥哥（两位早夭的皇子不计在内），他们的母亲不是皇后，就是贵妃，比起赵构的母亲韦氏，身份显贵得多。

此外，赵构的身后，还跟着一长串弟弟，他们的身世也大都比赵构强不少。

总之，在靖康之耻发生前，赵构一直是一个不起眼的存在，他可能一年到头都见不上父亲几面，更没有朝臣愿意去投资这个没潜力的"股票"。在众人眼里，他也就是个路人甲，哦，不，应该叫作皇子甲。

在二十岁以前，赵构从来都没有奢望过，自己能够头戴通天冠，身穿衮龙服，坐上金殿的头把交椅。

所有的改变，都从靖康年间的那次出行开始。

前面还说了，金国统帅斡离不第一次兵围开封的时候，曾提出"以亲王、宰相为质"的条件，结果赵构和张邦昌"光荣"入选，两人一起被送到金营充当人质。

至于为什么选赵构为人质，一说是赵构很勇敢，主动揽下了这份高危工作，一说当时很多皇子都跟着赵佶逃到南方去了，京城只剩下了肃王赵枢和康王赵构，肃王是贵妃的儿子，所以脏活儿就摊到了赵构身上。

其实，以上两种说法都不成立。要说赵构勇敢有担当，大概率仍是脸上贴金行为。

至于第二种说法，究竟有多少亲王留在京城，已经无据可考。但要说赵佶把一堆皇子都带走，可能性也不大。他跑得那么匆忙，连吃的东西都没带全，怎么可能顾得上那么多子子孙孙？

比较可信的推测是，赵构在符合条件的亲王（作为人质至少要成年）中，出身最低微，最不受人重视，结果"幸运中奖"。

再后来的事情也说过，赵桓头脑发热，批准了夜袭计划，惹得金人很不高兴。金人怀疑眼前的这个人质没价值，进而提出了换人要求。结果，赵构被幸运地放了回来，倒霉的肃王赵枢进了金营，成了第一个被掳掠到北方的皇室成员。

但是，在一些史书中，有人继续为赵构美言，说什么赵构大义凛然、毫无惧色，这才导致金人以为他是冒牌货，提出换一个亲王做人质。

无论如何，历史的真相终究不会被掩盖。应该说，靖康之前的赵构，只是一个普普通通的皇子，他既不见得如何"英武睿智"，却也没表现得如何"懦弱胆怯"。

一直以来，赵构都被动地接受着命运的安排，安逸也好，危险也罢，他从来没有选择的余地。

不是吗？与生俱来的皇子身份，让他生来安享富贵，不需要像常人那样为生计奔波，但在等级森严的统治集团中，比起其他皇子，他又天生矮人一头，别人都不愿意烧他这个冷灶。

所以，有限的人生经历告诉赵构，在这个世界上，公平和不公都是自然存在的，你不能反抗，也没权利反抗。

直到靖康元年十一月，他才第一次独立思考自己的命运走向。

当月，赵构再次接到赶赴金营的命令，这次他不再是去做人质，而是去完成更艰难的谈判任务。

收到诏令，赵构心里一百个不情愿。

此前二十多天的人质生活已让他第一次感受到了外界的冷酷，相比府邸里的那些温顺侍婢，粗犷的金人简直是凶神恶煞。在当人质的岁月里，他不知道如何应对金人的诘难，小心翼翼地说着每一句话，生怕哪句话说得不恰当，那些闪着寒光的刀剑就会朝自己劈来。尤其是那次可怕的夜袭事件，更是让赵构深切地感受到了生命的威胁。

对于金人，赵构是又恨又怕，而对于那位皇帝哥哥，却只剩下了恨意。为什么偏偏要让自己来当这个人质，为什么明知自己在金营，还要采取这类冒险的行动？

看来，即便你贵为皇族血脉，同样会成为无足轻重的弃子，只要利益所需。在这个世界上，除了母亲，再也没有什么值得信任的人。

有过一次人质经历后，赵构对金人的恐惧已经深入骨髓，面对赵桓的命令，他打起了"太极拳"。那一回，他只是象征性地出去转了一圈，连金人的影子都没见到，就又溜了回来。

赵构想蒙混过关，赵桓却不答应，他再次驱逼赵构带队出使金营。赵构拗不过，只好答应。

赵构这一走，走出了一条奇怪的路线，遇到了两位个性迥异的官员。

按照计划，赵构此行要去金营拜会斡离不，应该向开封东北方向前进才是。刚开始，赵构确实奔着这个方向去了，并于十九日来到了相州（今河南安阳）。

在相州，他遇到了相州知州汪伯彦。

汪伯彦，字廷俊，徽州祁门（今安徽祁门县）人。

汪伯彦此时不仅是相州的地方官，还是负责河北西路的军事统领。当时，河北西路的帅司所在地真定府已经失守，朝廷下令将帅司的治所转移到相州，所以，他同时肩负起了军事防御任务。

对赵构的到来，汪伯彦表现出了异乎寻常的热情，又是出城迎接，又是出兵护卫，他告诉赵构，斡离不这次南下，与前次行军路线不同，已于十四日从大名府（今河北大名县）的李固渡（黄河上的渡口）渡河，你恐怕是赶不上了，不如就此留在相州。

赵构听后，拒绝了汪伯彦的建议："我执行朝廷的命令，不敢中途放弃。"

休息几日后，赵构启程向磁州（今河北磁县）进发。

赵构话说得正气凛然，但出行方向却很奇怪，因为磁州在相州的正北方，大名府却在相州的东北方向，赵构的行进方向明显和目的地有所偏离。

在磁州，赵构遇到了另一个官员。

老将宗泽。

宗泽，字汝霖，嘉祐四年十二月十四日（1060 年 1 月 20 日）出生，祖籍婺州义乌（今浙江义乌）。

相比于宋朝的很多名臣，宗泽有两个特殊之处。

一是家庭出身不一样。别人大都出身于士大夫家庭，从小就以读书做官为人生目标，宗泽却不同，他生长在一个耕读家庭。所谓耕读之家，其实就是秀才和农民的复合体，白天赤脚种地，晚上把锄头一扔，捡起书来读，这也可以看作宋朝读书氛围浓厚的一个印证。

宗泽白天跟着父亲和兄长出去干农活，闲时读书识字，年长后又四处游历求学、增长见识，养成了豪爽直率的性格。

宗泽的另一个特殊之处是科考成绩，其他名臣都是状元、榜眼之类的学霸，宗泽却以"名列榜尾"而闻名。

元祐六年（1091），三十二岁的宗泽参加进士考试，一路闯入殿试。在殿试环节，他答卷时大肆批评时政，观点辛辣、措辞激烈，看得考官直摇头。要不是仁宗皇帝定下了殿试不黜落考生的规矩，早就被踢到阴沟里去了。最终，宗泽名列末等，"赐同进士出身"。

进入官场后，宗泽的足迹遍布大名府、衢州、莱州、晋州、登州等地，不过大多数时间，他都只是一个小小的知县，直到五十六岁时才当上登州通判。

宣和元年（1119），六十岁的宗泽申请了一个提举鸿庆宫的虚衔，在东阳（今浙江东阳）隐退养老。不过，宗泽的退休生活过得并不安生，不久他被人打了小报告，被贬至镇江"编管"（宋代官吏因罪除去名籍贬谪州郡，编入该地户籍，并由地方官吏加以管束，称"编管"），直到三年后，借着朝廷大赦的机会，才重获自由。

又两年后，宗泽被调到西南边陲，担任巴州（今四川巴中）通判。

如果说，宗泽前面的当官经历并不愉快，那么这回被调配到巴州倒也不算坏事。因为，此时的宋朝早已山雨欲来风满楼，谁离政治中心越远，就等于离风暴眼越远。换作别人，早就大呼祖宗保佑了，可宗泽并没有为此庆幸。他对局势忧心如焚，终日想着找机会为国效力。

金军大举入侵的时候，两河地区的官帽成了贬值最快的物品，平时很多人都抢着要，现在大家都像躲瘟疫一样，唯恐避之不及。

这个时候，肯逆势而上的，属于官场稀有品种。

宗泽算一个。

靖康元年，六十七岁的宗泽复出担任和议使，负责和金军谈判，但后来朝廷考虑到他太过强硬，容易把和议谈崩，就给他换了一个岗位——磁州知州。

当时，赵桓已答应把两河地区割让给金国，但金国没能力接收，朝廷也指挥不动，两河地区的各个州县都处于半独立状态，治理好坏，全靠地方官自由发挥。

宗泽刚到磁州时，那里十室九空，要什么没什么。他上任后，马不停蹄地修缮城池，安抚逃亡百姓，招募义勇进行训练，还数次率领当地兵民击退金军劫掠。

赵构抵达磁州后，两人见了面，宗泽同样劝赵构不要去和金军会面，以免重蹈肃王赵枢的覆辙。

对于宗泽的这个建议，赵构倒是非常受用，因为他本来就没打算再冒险找金军谈判。

只是，此后发生了一个意外事件，让赵构和宗泽产生了分歧。

神奇走位

在赵构带队的使团中，有一个叫王云的人，他是赵构的心腹加智囊，当时担任着副使一职。

王云时任资政殿学士、刑部尚书，此前曾多次到金营交涉土地交割事宜。在这次出发前，王云特意提醒赵构：真定（今河北正定县）的城墙比开封还高，但最后还是被金人轻松攻破。

言下之意，宋朝的开封守卫战，根本没戏，赵构还是该为自己早做打算。

可是，这位被赵构看重的人物，居然在磁州莫名其妙地丢掉了性命。

在磁州期间，赵构曾领着使团去一处庙宇烧香，没想到，走在后面的王云被赶来的百姓团团围住，不得脱身。百姓大骂王云是金国的奸细，说着说着还动起了手……结果，王云竟然被百姓围殴而死！

王云的死，看上去是一场意外，赵构怎么就赖上了宗泽呢？

据说，磁州百姓围殴王云之前，曾打开他的竹箱，翻到了两条黑绸短巾，百姓认为这是金人用的头巾，更加印证了王云的奸细身份，所以引发了后面的流血事件。而事情发生后，宗泽似乎也默认了百姓的判断，他派人将黑绸短巾交给赵构，权当是一个交代。

赵构对宗泽的态度十分不满。如果说王云是奸细，那我是什么？因此，赵构认为宗泽不但没有约束好百姓，还放任百姓污蔑王云，在这事上负有重大过错。但是，鉴于当时的特殊形势，赵构并没有立即发作。

其实，在我看来，王云之死的真相不难理解。

首先，他肯定不是奸细，要说两条黑头巾能证明他是奸细，怎么看都有点荒唐，而且后来还有人考证过了，说是王云有"风眩疾"，黑头巾是用来晚上保护头部的，想来不假。

再者，百姓打死王云很可能出于一种义愤。当时河北百姓对于朝廷的懦弱无能已经出离愤怒，看到那些主张割地投降的官员，素来厌烦。因此，此前派去办理交割的官员，无一例外都遭到了驱赶，被百姓围殴致死的事情也不是没发生过。王云挨揍事件，大致属于同类情况。

至于宗泽呢，成天嚷着宁做"断头将军"，不做"投降将军"，对王云之类的主和官员很可能打心眼儿里看不上，所以对百姓的过激行为采取了听之任之的态度。

在混乱的靖康年间，王云的死只能算一件微不足道的小事，不过通过这件事，却能帮助我们对赵构今后的行为逻辑做出分析判断。

赵构在磁州待得不是滋味，恰好汪伯彦派人送来了蜡丸信，劝他还是赶紧返回相州，从长计议。汪伯彦想得十分周到，他甚至还安排了两千人，专门前来接应。

十一月二十二日，在磁州逗留两天后，赵构连招呼都没和宗泽打一声，就偷偷离开了磁州，重新返回相州。回到相州后，赵构立刻上奏朝廷，以金人已经渡河为借口，表示自己没法完成使命了，等着朝廷再下指令。

赵构在相州磨洋工，开封城却是朝不保夕，到了闰十一月，他才接到皇帝哥哥发来的新指令。赵桓任命赵构为河北兵马大元帅，汪伯彦、宗泽为副帅，要求他们起兵勤王。

十二月一日，赵构在相州开设大元帅府，开始招兵买马。经过一番东拼西凑，他的麾下聚集了一万兵马。

赵构接到诏书的时候，开封外城已经被攻破，但是内城仍在宋朝掌握中。赵桓急得团团转，再次送来书信，请赵构尽快率军入援。

赵桓急，赵构急不急呢？

　　根据常理，赵构应该也有点心急。

　　因为，赵构即便不在乎哥哥赵桓的感受，毕竟母亲韦氏和自己的妻妾儿女也被困在开封，总不能无动于衷。

　　面对一封封告急信，赵构发布了发兵救援开封的命令，这让在场的很多官兵备感鼓舞。

　　可是，十二月十四日，当大军开拔时，大家却惊奇地发现，军队是从相州北门而出，往临漳县方向进发。这就怪了，开封不是在南边吗？

　　搞了半天，大家才弄明白，支援开封的军队不是没有，但却只是赵构派去的一支偏师，纯粹为了掩人耳目。真正的元帅府主力，将向大名府进发。

　　这一切，都出自汪伯彦的声东击西之计。

　　军队在汪伯彦的带领下，灵活行军，他们一路绕开金兵屯驻之地，然后趁着黄河水面冻结，成功偷渡，顺利溜进了大名府！

　　这一路行军（逃跑），赵构多次体验了荒野求生的"乐趣"，走得异常辛苦。而这位汪伯彦则始终不离不弃，两人一起野炊、露营，从此成了一对患难君臣。

　　在逃往大名府的路上，赵构向各地州府发布檄文，要求大家积极响应，率兵到大名府会合，听从自己这个大元帅的指挥。

　　看到檄文后，宗泽第一个率磁州军队赶到了大名府。这个时候，赵桓的诏书又来了，内容一样，仍是催促赵构向开封进兵。

　　宗泽看了诏书后，很是激动，他告诉赵构：皇上现在期盼救兵，就像口渴的人盼望喝水（君父之望入援，何啻饥渴），元帅府应即刻发兵。

然而，赵构和汪伯彦可没有宗泽的思想觉悟。汪伯彦更是直接反驳宗泽："凡事都要量力而行，现在别说替开封解围，先把大帅安顿好再说吧。"

汪伯彦还说，不但救开封不可行，就连大名府也不是久留之地，因为这里还是离敌人太近。

经过一番争论，赵构决定大家各干各的。既然宗泽工作热情这么高，就让他独自率兵南下救开封，自己则和汪伯彦继续向东跑路。

不过，比较无耻的是，赵构和汪伯彦又扔了一个烟幕弹，对外声称大元帅赵构就在宗泽军中，以此吸引金军注意，掩护自己跑路。

可怜的宗泽率领一点残兵前去支援，结局可想而知。相比之下，赵构和汪伯彦倒是逃得很顺利。

靖康二年正月，赵构一行溜到了东平府（今山东东平县）。在东平府，一个叫黄潜善的大臣带兵前来会合。

黄潜善时任河间府（今河北河间）知府，自从第一个率军跑到东平府后，也深得赵构信任。

在东平府，赵构升任汪伯彦为元帅（有别于自己的大元帅），以黄潜善为副帅。从此，汪伯彦和黄潜善成了赵构身边的左膀右臂。

二月，赵构从东平府来到了济州（今山东巨野县），准备接着跑往宿州（今安徽宿州）。从赵构的行进路线看，他们不是离开封越来越近，而是围着开封在地图上画圆圈。再看下一站宿州，已经是淮南的地界，如果再跑一段，都可以过长江了。

当时，很多随行将士并不知道赵构的真实心思，都以为是要去救援开封，现在发现路走得越来越偏，开始议论纷纷。赵构发现情况不对劲，害怕引起兵变，连忙叫停了进军宿州的计划。

赵构虽然比较尿，但元帅府的金字招牌货真价实，一路过来，汇集到元帅府的人马越来越多，张俊、刘光世、韩世忠、苗傅、杨沂中（杨沂中于绍兴年间被赐名"杨存中"，为方便大家分辨，本书统一称其本名杨沂中）……这些南宋初年的知名将领纷纷来到赵构麾下，他们将成为接下去故事的主角。

到三月底，赵构元帅府的兵力已扩张到十万人。

纵然兵强马壮，赵构仍然是光喊口号不出力，并没有向开封发出一兵一卒。与此同时，大队大队的金军正押送着宋朝的财物人口，招摇地向北方行进，这些队伍里，还包括他的母亲韦氏、三个妻妾以及五个女儿。

关于那段并不光彩的历史，赵构事后曾恬不知耻地狡辩："在元帅府时，我从来没考虑自己的利益，只想着黎民百姓，所以一心盼望议和（朕不知有身，但知有民，每惟和好是念）。"

不过，金人并没给赵构留面子，他们用一句非常精练的话概括了赵构这段时间行为的性质。

"衔命出和，已作潜身之计；提兵入卫，反为护己之资。"

翻译过来便是：名为领命议和，却偷偷藏身避祸；声言领兵保卫朝廷，其实只为护卫自己。

　　赵构的行为让人不齿，但我们又不得不承认，他的狡黠和无耻，确实使自己成为了这场浩劫中的幸运儿。

　　四月，开封派人给他送来了一件极其珍贵的物品。

　　玉玺。

第二章 建炎

捡来的皇位

玉玺是孟太后派人送来的。

这位突然闯入的孟太后是咋回事呢?

咱们还得往前翻几页,我们说过,宋哲宗曾经有个原配皇后孟氏,后不幸被废了。赵佶登基后,为了显示不偏不党的态度,重新给废掉的孟皇后安排了名位,尊称为"元祐皇后",可是仅过一年,不靠谱的赵佶大翻烧饼,把"元祐皇后"又弄成了废皇后。

然而,正是因为赵佶的那次抽风,孟皇后成了没名分的人,阴差阳错地躲过了靖康浩劫,没被金人押到北方当俘虏。

张邦昌称帝后,一直想和"皇位"撇清关系,等金军一走,他就把孟废后像挖宝似的挖了出来,尊称其为孟太后,请她垂帘听政。

张邦昌挂着皇上的名号如坐针毡,听说赵构在济州成了气候,立刻决定把这个烫手山芋转给赵构。

于是，张邦昌以孟太后的名义发布了手书，表示要请赵构来继承皇位。当然，他不是让赵构来做大楚皇帝，而是请他继承宋朝皇统。

文告出自文学高才汪藻的手笔，其中有一句流传最广：

"汉家之厄十世，宜光武之中兴；献公之子九人，惟重耳之尚在。兹为天意，夫岂人谋。"

意思是说，汉朝（指西汉）延续十代后，遇到厄运（指王莽篡汉），到光武帝刘秀的时候，得到中兴；晋献公有九个儿子，只有晋文公重耳还在。这就是天意啊！

汉光武帝刘秀历经艰辛，创立东汉王朝，晋文公重耳曾经在外流亡十九年，当上晋国君主后励精图治，终成春秋五霸之一。汪藻把赵构和刘秀、重耳作比，来证明赵构继承帝位符合天意人心，可谓用足了心思。

同时，张邦昌还让人为赵构送来了传国玉玺。

这方玉玺是太祖赵匡胤建国后命人打造的，上刻"大宋受命之宝"六字，乃皇权象征。

赵构拿到玉玺后，那表情是非常的痛苦、非常的难受，对于大家劝说他登基称帝的请求，那是非常不情愿，非常坚决地予以拒绝。

当然，一切都是装的。

为什么要装，你懂的。

赵构其实早就有了这份心思，在相州的时候，他就声称自己做过一个梦，梦见赵桓脱下自己的衣服，亲手披到了他的身上。

至于赵构是不是真的做过这个梦，全凭他自己怎么说了，如果说是想当皇帝想疯了，倒也真可能做过。

比起赵构为自己造的舆论，汪伯彦的水平就更有档次了。

他告诉赵构，您看，赵桓确定的年号叫作"靖康"，两个字可是充满玄机啊，您拆开来再看，那不是"十二月立康（王）"吗！

这不算天意，什么算天意？

瞅瞅，什么是拍马屁的水平？这就是拍马屁的水平！

赵构一听，心里乐开了花，按此说来，自己不继帝位，都对不起老天的一番美意。

到后来，事情就越传越玄乎了。

甚至有人说，早年徽宗赵佶在宫里赐宴给几个亲王，赵构喝醉后到一边睡着了，赵佶进去一看，发现有一条金龙盘在睡榻上。

类似的段子，后来者袁世凯先生也编过。反正你是皇上你有理，哪怕你说自己是恐龙转世，也没人拦你。

在一片劝进的呼声中，赵构终于答应，"勉徇群情，嗣登大宝"。

靖康二年五月，赵构在应天府（今河南商丘）即帝位，成为宋朝的第十位君主，是为宋高宗。

赵构称帝后改"靖康二年"为"建炎元年（1127）"，以应天府为国都，奉赵桓为孝慈渊圣皇帝，尊孟太后为元祐太后，以黄潜善为中书侍郎，汪伯彦为同知枢密院事。

从此，宋朝历史进入了南宋时代。

赵构选择以应天府为都，只因那是太祖赵匡胤发迹的地方。建炎这个年号也有讲究：其一，赵匡胤定的第一个年号是"建隆"，赵构取第一个"建"字；其二，宋朝按照五行学说，以火德自居，所以第二个定为"炎"字，象征国运延续。

从形式上看，赵构立志要继承太祖赵匡胤的基业，再建宋朝，重塑辉煌。

赵构嘴上虽强硬，身体很诚实，别说找金军报仇了，他连应天府都没待多久。

满打满算，五个月。

即便是在这短短的五个月里，赵构也没干什么正事，概括起来说：杀了三个人，赶走了两个人。

张邦昌把皇位让给赵构后，心里仍然不踏实，因为他不知道接下来赵构会怎样处置自己。

张邦昌以为，从感情上说，赵构和自己的关系是不错的，两人曾一起到金营当过人质，共同度过了提心吊胆的二十多天，当算患难之交。

事情刚开始也如他所想，当他跑到应天府，一把鼻涕一把泪地向赵构请罪时，赵构一点都没怪罪他，反而多次好言劝慰。

赵构不但没惩处张邦昌，甚至还想给他封王晋爵。赵构认为，张邦昌当伪楚皇帝是受金人强迫，其间夹着尾巴做人，一点都没僭越，现在又能主动交出皇位，怎么看，都是一个委曲求全的好人。

主意打定，赵构下诏加封张邦昌为太保、奉国军节度使、同安郡王，允许他每五天来一次朝堂，商讨国事。过了几日，赵构觉得还不够优待这位老朋友，又晋封他为太傅，允许他每二十天来一次朝堂。

太师、太傅、太保，俗称"三公"，是文臣的最高荣誉头衔；允许隔几天上班打卡一次，自然也是非常规待遇。以上这些，只有元老重臣，才配享受。比如，宋朝年寿最高的宰执官员文彦博，活了整整 93 岁，历仕仁、英、神、哲四朝，这位骨灰级的大臣曾被授予太师荣衔，被允许六天朝觐一次。

这么一看，赵构对张邦昌真心不错。

但张邦昌的好运很快因为一个人的出现而终止——李纲。

赵构称帝后，必须马上搭起自己的执政班子，这时候，他急需一个有名望的大臣来替自己撑场子，李纲无疑是最合适的人选。

当金军第二次围攻开封的时候，赵桓曾想把已经远贬的李纲重新召回朝廷，只可惜，还没等李纲赶到开封，北宋已经玩儿完了。就在李纲赶回开封的路上，他接到了新皇帝赵构任命其为右相的诏令。

这里还得特别提一句，宋朝宰相的官名曾几经变化，到了赵构的时候，通常以门下侍郎兼尚书左仆射为左相，以中书侍郎兼尚书右仆射为右相，以尚书左丞、尚书右丞为副相。

现在，在左相缺席的情况下，赵构任命李纲为右相，相当于将李纲确立为首席宰辅。

李纲刚入朝时，赵构摆出了一副虚心求教的姿态，一再表示：满朝大臣就属你忠诚睿智，要想敌国畏服、四方安定，必须任命你为宰相，往后的日子，咱全靠你了！

李纲见赵构如此虚心，立刻玩儿命工作，提出了十条拯救时弊的建议，其中第四条和第五条分别是"议僭逆"和"议伪命"，主张严惩向金人屈膝投降的官员。

矛头直指张邦昌！

客观地说，这些向金人投降的官员，其实也得有所区分。那些为虎作伥，主动替金人搜刮钱财的家伙自然死有余辜，但还有一些则是被迫投降，后者似乎情有可原。

我们有理由相信，假若李纲没有离开开封，以他的刚直作风，必定是宁死也不肯向金人妥协。但是，李纲毕竟只是少数，更多的人只是随波逐流之辈。正因为如此，有很多人都对张邦昌持同情态度。

可无论如何，李纲是容不下张邦昌的，赵构本还想替张邦昌开脱一下，却引来了李纲更加激动的表态："反正我是不可能和张邦昌这种人站在一起的，如果让我发现他，看我不拿笏板揍他！您如果一定要留下张邦昌，那就先罢免我吧！"

赵构见李纲如此强硬，只好答应惩处张邦昌。

最终，两人一合计，将张邦昌贬为昭化军节度副使，潭州（今湖南长沙）安置。

于是，张邦昌灰溜溜地来到了长沙，比起他当初"以九族换一城性命"的预想，似乎结局已经算不错。

只可惜，事情并未就此结束，张邦昌前脚刚走，举报信跟着就来了——生活作风问题。

话说徽宗赵佶早年做端王的时候，曾娶过一个姓李的小妾，李氏因为犯了点错，被赶出了王府。赵佶即位后，想起旧爱，又把她召进了后宫，但始终没给她名分。没名分的李氏和孟太后一样，因祸得福，躲过金人劫掠，继续留在了后宫。

某天夜里，别有用心的李氏故意设了酒宴，请张邦昌过来喝酒。李氏认为张邦昌会一直当这个皇帝，急着想傍上这棵大树，又是殷勤劝酒，又是投怀送抱。在美色加美酒的进攻下，谨小慎微如张邦昌者也放松了警惕，几杯下肚，喝得酩酊大醉。

酒酣耳热之际，李氏将一件平常皇上所穿的赭红色半袖衫套到了张邦昌身上，张邦昌这时还没有完全喝糊涂，连忙想起身脱掉。可是李氏一把按住张邦昌，嗲声嗲气地劝说："官家，事情都到这个地步了，你就别推辞了。"

说完，李氏使了个眼色，让一群宫女前来侍候张邦昌，在一群温香软玉的围攻下，张邦昌彻底沦陷……

第二天酒醒，张邦昌吓个半死，急忙脱掉那件赭色半袖衫，飞身逃出内宫。可好事不出门，坏事传千里，纵使张邦昌悔恨交加，但这一夜风流的错误终究是被人记住了。

张邦昌到潭州没多久，有人就开始清算旧账，"私幸宫人"的罪名狠狠地扣到了张邦昌头上。

赵构架不住舆情汹汹，最后只得下令赐死张邦昌。

建炎元年九月，张邦昌在潭州天宁寺的一处楼宇内自尽，这位做了三十三天大楚皇帝的"叛臣"，就此结束一生。

值得一说的是，成为张邦昌最后归宿的那栋楼宇，名为"平楚楼"。

这一刻，冥冥之中，似乎真有天意。

忠臣多失意

赵构重建宋朝的消息传到北方，金国大佬们坐不住了，关于如何处理自己和南宋的关系，内部出现了重大分歧。

斡离不原本就想保留宋朝，所以主张顺水推舟，承认南宋政权。强硬派粘罕却不同意，他觉得好不容易扶起一个傀儡，不能说没就没了，应该找赵构好好说道说道。

不幸的是，还没等斡离不和粘罕统一意见，斡离不自己先挂了。

据载，斡离不大热天打了一场马球，接着洗了一个冷水澡，然后就突发急病，不久，人没了。按照现在的医学常识，剧烈运动之后不能马上洗冷水澡，否则会导致血管剧烈收缩，危及生命。估计斡离不长期生活在寒冷地带，也没这方面常识，以致阴沟里翻船。

温和派斡离不一走，强硬派粘罕占了上风，撸起袖子就准备揍赵构。刚刚建立起的南宋小朝廷立刻进入了紧张状态，接下来到底该怎么办，大家都一片迷茫。

赵构没主意，把目光转向了宰相李纲。

李纲永远是一副工作狂的状态，面对一头雾水的赵构，他抛出了一大堆构想。

李纲以为：咱们现在所面临的最关键问题在于战略决策。抵御敌人无非战、守、和三策，只有先具备自守的能力，才能言战，只有敢于对战，才能与金人和谈。以宋朝目前的国力，既不能主动和敌人对战，也不能一味屈膝和谈，而是应该率先做好国土防御。靖康之祸的发生，就是因为此前朝廷在战、守、和三策中不断摇摆，决策朝令夕改。

没等赵构消化完，李纲又接着谈了定都问题。定都和投资商铺可不一样，它代表着朝廷的进取姿态。

李纲建议赵构趁金人还未到，先还都开封以安抚人心，再根据形势决定是否死守，如果无法固守，就考虑移驻到其他地方。可代替做首都的候选项有三个，首选长安（今陕西西安），其次襄阳（今湖北襄阳），再次是金陵（今江苏南京），这些预选地区应该提前做好准备。

长安、襄阳、金陵分别是宋朝西北、中部、东南地区的核心，事实上，此后金军和南宋的军事对峙，正是围绕着西、中、南三线展开。李纲对军事形势的判断可谓非常具有预见性。

当然，除了战略方向和定都选择外，李老师的意见还很多，比如黄河、长江、淮河沿岸防御设施建设，比如小朝廷的官员任免，比如购买马匹，比如增募兵员，比如……

李纲天天在赵构面前唾沫横飞，越说越亢奋，可他的学生赵构却越听越晕，差点没打瞌睡。

其实，李老师还是不太懂赵构的真实想法。你扯了那么多，赵构其实只关心一个问题：我躲到哪里最安全？

至于如何备战，如何抵抗，将来如何收复失地，对赵构来说，那都是飘在天边的烙饼，跟他没有半毛钱关系，当务之急他只想保住自己的小命。

赵构和李纲的想法有着巨大差异，大家坐在一起高谈阔论还好，一旦遇到具体问题，两人立刻产生了矛盾。

当时，南宋政权首先要面对的问题，便是如何处理两河地区的土地。按照金人北撤前和宋朝达成的"协议"，这块广袤的土地已经割让给了金国。但从实际情况看，金国并没有在这片土地上实现有效统治。战乱之后，北方出现了权力真空，赵桓派人前去安排割地，没人响应；金人想要强行占领，又兵力不足。所以，很多州县成了独立王国，呈现一片混沌状态。

赵构、黄潜善、汪伯彦等人都倾向于放弃这块地方，省得惹恼金人。基于这个想法，赵构在即位后，并没将政令颁布到两河地区，做出了一种主动放手的姿态。

李纲的意见恰恰相反，他极力主张在河北设置招抚司，在河东设置经制司，重塑两河地区的防御，将战线往北推进，努力使疆域恢复到金人第二次南侵前的状态。

李纲的观点让赵构皱起了眉头，从深层次讲，这涉及如何对待两股军事力量的问题——金军和民间义军。

对于金国，赵构是又恨又怕，李纲的主张是力保黄河以北领土，这势必要和金军发生正面冲突。可一想到要和金国开战，赵构既没什么信心，也不想冒这个风险。在他的内心深处，他更想像张邦昌一样，做一个安稳的傀儡皇帝，至于洗刷耻辱，救回父兄这样的事情，纯属喊喊口号，认真就是你的错了。

所谓民间义军，便是在金军南侵过程中，民间自发组织起来的抗金力量。这些义军的成分十分复杂，既有溃散的军士，也有平头百姓，甚至还夹杂着不少盗匪。对于这些武装力量，赵构心存忌惮，他们虽然能够抗击金军，但毕竟游离在朝廷掌控范围之外，想要招抚后为己所用，似乎也很麻烦。

于是，建炎元年的朝堂，李纲火山喷发似的报国热情和赵构昏昏欲睡的工作状态组成了极不协调的一组画面，像极了一个认真负责的老师教育一个每天想着放学去打游戏的学渣。

其实，最懂赵构真实心理的，还要数黄潜善和汪伯彦两人，他们就从来不喊那些打打杀杀的事情，对李纲的建议，向来阳奉阴违。

所以，李纲满怀热情地跑到应天府干了一个多月，发现自己其实就是一块招牌，根本没啥实质作用。更令他无语的是，他刚向赵构苦口婆心地讲了一大通，赵构却突然下诏，表示自己要"巡幸东南以避狄"。

说了那么多，仍要跑到南方去避难！

李纲做梦都没想到，自己辅佐了三位赵家皇帝，都是一副德行。

为了说服赵构，李纲只能不停地在他耳边念经，什么"不能图一时安逸""不能失信于天下"等等，大道理讲了足足一箩筐。

经过几次争论，赵构对李纲越看越不顺眼，没多久，他就给李纲穿了一双小鞋。

建炎元年七月，诏令颁下，李纲由右相升迁为左相，黄潜善升任右相。

从明面上看，李纲的职务得到了提升。但实际上，李纲此前是唯一的宰相，现在成了他和黄潜善共掌相权，其实是被分割了权力。

又过了些日子，在黄潜善的授意下，一些监察御史开始跳出来奏劾李纲，罪名是肆意揽权。

李纲确实迂直，但并不傻，他明白那是皇帝的意思，硬扛也没意思，于是主动提交辞呈。

报告一递上来，赵构求之不得，假意挽留一下后，立刻予以批准。

八月十八日，李纲被免去相位，出任观文殿大学士、提举杭州洞霄宫，迁往鄂州（今湖北武汉市武昌区）闲居。

这一天，离他入朝任相，前后仅仅七十五天。

李纲走后，背后的非议并没有停止。第二年，他又先后被贬到澧州（今湖南澧县）、万安军（今海南万宁）等地。此后几年，李纲虽然偶有复出，却再也没有回到权力中枢。

绍兴十年（1140）正月，五十八岁的李纲于福州病逝。

赵构听闻李纲的死讯，也只是追赠了一个"少师"的头衔。直到四十八年后，宋孝宗赵昚在位时，朝廷才重新评定李纲的功绩，追谥其为"忠定"。

临患不忘国曰"忠"，安民法古曰"定"。

李忠定公，李纲。

直到这时，这位靖康年间的传奇名臣，才得到了应有的尊重。

李纲被罢，朝野震动，消息一经传出，一些有血性的士大夫纷纷上书劝谏。

陈东再次冲到了前面。

这位陈东，便是靖康元年领着一大帮人请愿的太学生，那一次，他迫使赵桓收回了罢免李纲的成命。

开封沦陷后，陈东也来到了应天府，当他听说李纲第二次被罢，急忙再次上书请愿。

一般来说，朝廷官员若要上书规劝皇帝，在措辞上总要万分小心，非要绕来绕去一大圈，才把自己的观点委婉地说出来，像寇準、包拯这样敢于直言的已经属于官场异类。

但是，事情到了陈东这里就没那么多讲究了。在他的上书中，不但认为李纲不可罢免，还直言"黄潜善、汪伯彦不可用"，赵构应该"亲征，迎请二帝"！如此说法，等于直接批评赵构用人不当，没有雄心壮志。

以上批评还不算最狠的，他甚至质问赵构：你压根儿就不该登基称帝，万一等你老哥赵桓回来了，如何是好？

陈东扔完炸弹，另一个叫欧阳澈的士人也加入了敢死队，他的上书除了为李纲叫屈外，还直接刨了赵构的隐私，直斥他刚刚登基，不但不思进取，还一心琢磨声色享受，弄得天下人失望怨愤！

乖乖，如此具有爆炸力的话也敢说！

赵构被戳中了心窝，一气之下亲下手诏，要将两人枭首示众。

八月，陈东、欧阳澈就戮于应天府东市。陈东时年四十二岁，欧阳澈时年三十一岁。

陈东、欧阳澈，两位与李纲素不相识的士人，为了国家安危，无惧生死，挺身而出。他们用自己的生命，再次诠释了宋朝士大夫"以天下兴亡为己任"的担当精神。

史载，陈东、欧阳澈赴刑时泰然自若，天下人"识与不识，皆为流涕"。

过河，过河

赵构称帝以后，有人曾建议将宗泽召到应天府任宰执大臣，但在赵构眼里，这个爱提意见的老头子和李纲一样，让他硌硬得慌，所以只给安排了一个襄阳知府的职位。

好在当时李纲还在，在他的坚持下，宗泽很快又转任东京留守，担负起防守开封的重任。

金朝对新生的南宋政权还不知底细，就以出使大楚为名，派人到开封打探虚实。宗泽明白金国的真实目的，他连使者的面都没见，直接将人拘押起来，关进了大狱。

宗泽的强硬态度把赵构吓得够呛，人家正愁和金朝搭不上线呢，你怎么那么简单粗暴呢？赵构连忙命令宗泽把金使安排到馆驿里，好好招待。

宗泽的回复依旧很猛。他回奏赵构：招待金使这事不靠谱，想必是有一些"奸邪之臣"给你出馊主意，我朴实得很（臣之朴愚），你的命令，咱就不听了（不敢奉诏）。

赵构见到宗泽的回复，气得抓狂，宗泽可顾不上考虑赵构的感受，因为他现在忙得很。

自担起防守开封的重任后，宗泽日理万机，什么整顿治安、平抑物价、招募士兵、打造战车、修筑堡寨等等，大事小事，他一手包揽，从来就没停歇过。

经过宗泽噼里啪啦的一顿操作，劫难后的开封初步恢复了稳定。那段时间里，宗泽干得最多的一件事，便是联络各地民间抗金义军，争取他们为朝廷所用。

当时，黄河以北最著名的抗金力量主要有两支。

一支是五马山义军。五马山义军驻扎在河北西路庆源府（今河北赵县）的一座山上，因山上有五座石马，故而得名"五马山"。这支义军中的一名领袖还是我们的老熟人——马扩。

自靖康之役开始，马扩就加入了义军，和金军到处死磕，在一次战役中还不幸受伤被俘。好在曾经的外交经历让他在金人中留下了好人缘，当时的金军东路军主帅斡离不还亲自来看望了他。

斡离不很欣赏马扩，劝说他归降金军，除了宰相、元帅之外，其他的官职都可以考虑。

马扩表示，混成这样，自己也没兴趣当官了，只想回家种地或者开店，安度一生。

斡离不也很实在，当即放了马扩。

马扩回去后，还真开了一家酒店，不过他把酒店开成了地下联络站，暗中和各地的抗金武装联系。当他听说有个叫赵邦杰的武官在五马山组织义军时，连忙赶去投奔。于是，马扩和赵邦杰以五马山为据点，拉起了一支号称有几十万人的抗金队伍。金军也曾几度派人围剿，均被义军挫败。

不过，五马山义军名义上的最高首领并不是马扩和赵邦杰，而是一个更有身份的人——信王赵榛。

赵榛是赵佶的第十八个儿子，当时才十七岁，相传他在被金军押到北方的途中，趁乱溜了出来，后来跑到五马山上做了首领。

五马山上是否真的有信王赵榛，历史上没有定论，或许真有，或许是有人冒充，又或许只是马扩等人为了招揽抗金力量故意树的一面旗帜。但无论如何，这支义军确实令金军非常头痛。

另一支抗金队伍是王彦的"八字军"，关于他们的情况，咱们下面还会介绍，在此就不耽误宗老爷子的时间了。

宗泽一面忙着重振军力，一面一封接一封地给赵构上书，中心思想只有一个：赶紧还都开封，主持抗金大局！

收到宗泽的奏章后，赵构二话不说，迅速拍板：打点行装出发——去扬州。

形势紧张我是知道的，金人要来打架我也是明白的，赶紧出发也是必须的，不过，我要跑到扬州避难去了，抗金的事情，你自己看着办吧。

建炎元年十月，赵构脚底抹油，带着小朝廷一路奔到了扬州。

扬州可是个好地方，那里是宋朝淮南路的首府，也是江南首屈一指的繁华都市。所谓"夜市千灯照碧云，高楼红袖客纷纷""天下三分明月夜，二分无赖是扬州"，都是赞美扬州的文案。

扬州山美水美、佳丽云集，引无数人流连忘返。除了生活条件不错外，更让赵构满意的是，扬州靠近长江，万一金军打过来，可以马上渡江继续跑路。

看到赵构的做派，宗泽气得个半死，但人家毕竟是皇上，再窝囊的领导也是领导，你还真拿他没办法。

赵构前脚刚走，金军后脚就到了。

建炎元年十二月，金军发动第三次南侵！

斡离不死后，粘罕成了金军的主帅，这回他决定分三路发起攻击。

粘罕自率中路军直插河南腹地，目标开封。

东路军主帅换成了完颜讹里朵（汉名完颜宗辅，金太祖完颜阿骨打的第三子），他负责扫荡山东一带。

西路军主帅叫完颜斡里衍（汉名完颜娄室），他也是金军中的一员悍将，辽天祚帝耶律延禧正是被他所生擒。这回，斡里衍负责扫荡陕西一带。

金军的这次部署和前两次明显不同，以前是直取宋朝京城，以打服宋朝君臣为目标，顺便勒索点金银财物。这回，金军以收拾残局的姿态出战，开始分路攻城略地，旨在对河北土地进行有效控制。

出征前，金军发布了《伐康王晓告诸路文字》，檄文里，金人告诫赵构：你小子识相点，乖乖认罪，听候处理。金国打算重建大楚政权，如果张邦昌已遭不幸（金人还不知道张邦昌已死），就再选一个皇帝，如果你执迷不悟，那咱们就走着瞧！

金军的第一轮攻势迅猛异常。

粘罕的中路军一路攻下洛阳（今河南洛阳）、唐州（今河南唐河县）、邓州（今河南邓州）、郑州（今河南郑州）。

讹里朵的东路军先后攻占沧州（今河北沧州）、青州（今山东青州）、潍州（今山东潍坊）等地。

斡里衍的西路军则一路拿下了同州（今陕西大荔县）、华州（今陕西渭南市华州区）、京兆府（今陕西西安）、凤翔府（今陕西凤翔）。

金军的前三板斧很猛，但一等逼近开封，就遇到了宗泽的顽强抵抗。宗泽一面分兵滑州（今河南滑县），牵扯敌人的进攻兵力，一面派小股军队绕道敌后，展开伏击战。

在宗泽的顽强抵抗下，金军始终未能达成攻占开封的战略目标，随着时间的推移，远道来袭的金军也逐渐显出疲态。

建炎二年（1128）三月，粘罕在获悉赵构已经跑到扬州后，下令停止了第一轮攻击，回撤休整。

金军回撤后，宋朝民间的抗金势头愈发高涨，宗泽马不停蹄地制订反攻计划，想着寻机北伐，收回失地。

在忙于应付金军的时候，宗泽继续忙着干另一件事——给赵构写信。他不厌其烦地告诉赵构：现在京城防守稳固，兵械充足，士气也很旺盛，大家都盼着你赶紧到开封来，一起谋划北伐大业，洗刷靖康之耻！

关于上书请求还都开封这件事，宗泽自始至终都没有停歇过。据统计，他前后一共上书二十四次，而且措辞一篇比一篇激烈，比如，在建炎二年二月的一份奏疏中，宗泽甚至以痛斥奸臣为名破口大骂起来：

"不忠不义的人只知道保全自己……认为祖宗两百年基业不值得顾惜！认为京城、宗庙、朝廷、府库都不值得留恋！认为二帝、后妃、宗室都不值得拯救！认为列位先帝的陵寝不值得去保护！认为周朝中兴的经验不值得效法！认为晋朝（东晋）偏安江南的做法不值得羞耻……"

然而，即使宗泽连续六个排比求关注，无奈赵构的脸皮比城墙还厚，愣是不动窝。

奇怪的是，到了五月份，事情峰回路转，宗泽的奏疏居然得到了赵构的积极回应！

赵构表示，咱要起身回开封了！

赵构答应回开封，并不是良心发现，而是不知从哪里听到了一个小道消息：

信王赵榛要回开封了！

这个消息实在太敏感、太刺激，让赵构不由得浮想联翩。此前，关于信王赵榛的传说传到他耳朵里，他心里就很不舒服。

这回，万一这个神龙见首不见尾的家伙真冒出来了怎么办？他万一与宗泽搅和在一起，又怎么办？

为了保住皇位，赵构当即下诏，表示自己过几日就会回到开封。

可惜的是，还没等赵构回来，宗泽自己先病倒了。

建炎二年七月，宗泽积劳成疾，一病不起。这位一生忧国忧民的老臣在垂危之际，仍然念念不忘渡过黄河，恢复失地。当麾下将士前来探望他时，宗泽依然无一言念及自己的家庭，只是悲愤地说道：

"二帝流离失所，以致我忧愤成疾，如果你们能勉力歼灭金敌，那么我死而无恨！"

属下将士听后，无不流泪点头："怎敢不尽力杀敌？"

众人走后，宗泽独倚在床榻上，发出一声长叹："出师未捷身先死，长使英雄泪满襟！"

第二日，宗泽在一腔悲愤中，连呼三声：

过河！过河！过河！

声毕，宗泽溘然长逝。

老臣宗泽走了，带着无尽的遗憾和不甘，他所不知道的是，自己并非一无所获，就在担任东京留守期间，他救下的一名小将，将迅速成长为宋朝最优秀的战将，继承他未竟的抗金大业。

沉舟侧畔千帆过，病树前头万木春！

第三章 岳飞

农家子弟

宋徽宗崇宁二年（1103）二月十五日夜，相州汤阴县（今河南汤阴县）一户农家里，一个男婴呱呱坠地。

农户的男主人叫岳和，妻子姓姚，男婴是他们的第五个儿子。由于前面的四个孩子都不幸早夭，这个新生命的到来让岳和夫妇格外高兴。

据说，男婴诞生时，恰好有一只大鸟飞过自家屋顶，岳和便给儿子取名为"飞"。

岳飞，字鹏举。

看得出，岳和夫妇希望自己的儿子有朝一日能如大鹏一般，展翅翱翔，一飞冲天。

姚氏生岳飞的时候已经三十六七岁，这个年龄，即便是搁到现在，也属于高龄产妇，她对岳飞的珍爱自不必说。但是，姚氏又是一个富有远见的女子，她对岳飞始终宠而不纵，既有深厚的母爱，又有严格的管束。

岳飞祖上世代务农，所以他从小就如普通农家儿郎一样，耕地播种、牧牛放羊、拾柴烧火，帮助父母干各种农活杂活。

除了干农活以外，岳飞也没忘了读书学习。宋时的农家，在冬季农闲时候，会凑钱请乡村里的书生来给孩子上上课，俗称"冬学"。岳飞在父母的支持下，也入了冬学。当然，这种农闲时候的学习，只是为了学会基本的识文断字而已，和士大夫以参加科举为目标的学习相比，相去甚远。

难能可贵的是，岳飞虽然知道自己不可能走科举取士之路，刻苦攻读的劲头却一点也不输于他人。穷困的岳家无力购置蜡烛、油灯，岳飞就靠燃烧枯枝败叶发出的火光来看书识字。凭着顽强的毅力和不错的天赋，岳飞熟读了《左氏春秋》《孙子兵法》《吴起兵法》等经典书籍，甚至还学会了写诗填词，使自己的文化素养大大超越了普通农家子弟。

少时的岳飞，最喜爱的活动还是练习武术。十多岁时，他曾向民间武术高手周同学习射箭。岳飞天赋过人，很快就掌握了射箭的诀窍，据说，周同有一日当众演示射箭绝活，连发三箭，箭箭射中靶心，引得众人满堂喝彩。岳飞也不示弱，取过弓来，顺手连发两箭。岳飞的箭倒是没有插在靶心上，而是直接射破了周同的箭笴（箭的末端），这种只有在影视剧中才能见到的场景，生生把围观者惊得目瞪口呆。周同也被岳飞的天赋所震撼，当即把自己最好的两张弓赠送给他，以示鼓励。

岳飞不但箭射得准，最绝的是臂力惊人。前面说过，按照宋朝的标准，能开一石五斗弓者，可充任禁军班直，而岳飞能挽弓三石，堪称天生神力。

宋朝应对北方骑兵的主要办法就是弓箭，因此，弓弩是宋军最主要的武器，开弓的臂力和射箭的准确率则是衡量一个士兵最重要的指标。如此看来，岳飞天生就是一块从军的料。

十六岁那年，岳飞在母亲的安排下，娶了一个刘姓女子为妻，第二年，长子岳云降生。但是，此时岳飞家的经济状况日渐恶化，连维持温饱都成了问题。为了家庭生计，岳飞只好背井离乡，外出谋生。

岳飞来到邻县，给一个大户人家当起了佃农。这个大户人家属于当地的超级豪门，主人是名臣韩琦的曾孙韩肖胄。在韩府打工期间，岳飞曾碰到一群前来打劫的盗匪，他凭借自己高超的箭术，一箭贯穿匪首的咽喉，吓得群匪一哄而散。

尽管岳飞在韩府秀了一次武艺，但仍没引起多大的重视，蹉跎了一段时间后，郁郁不得志的岳飞离开韩府，重新回到家乡汤阴。

宣和年间，正是徽宗赵佶玩得最忘乎所以的时候，也正是那段时间里，百姓被他的花式折腾弄得奄奄一息。岳飞回到家乡后，生计更加窘迫，他和家人一合计，决定试着去投军谋生。

宣和四年（1122），二十岁的岳飞来到真定府（今河北正定县）投军。当时，真定知府刘韐（gé）正在为北伐辽国招募敢战士（冲锋在前的敢死队）。在检阅应募者时，刘韐一眼就看中了身材魁梧、精神抖擞的岳飞，立刻招他入伍，还让他做了个小队长。

再后来，岳飞参与了宋朝的两次伐辽军事行动，结果他连直接和辽军对砍的机会都没捞到，就莫名其妙地随着大军溃退下来。

退下来后，岳飞继续回到真定府当兵。这时候，他听说相州有一股千余人的盗匪，到处祸害乡里，于是主动向刘韐请缨，要求带人去剿匪。刘韐倒也爽快，当即拨给他二百名兵士。

岳飞带人来到相州后，先派三十名士卒装扮成商人，携带着货物从盗匪盘踞的地盘经过，接着，又命一百人埋伏到了匪寨的山脚下。盗匪不知是计，见有肥肉送到嘴边，立刻实施绑票，把三十名"商人"悉数"请"到了山上。

第二天，岳飞率领剩下的几十名骑兵前往寨前要人，盗匪见岳飞人少，二话不说就追着砍杀过来。岳飞佯装败逃，引着盗匪跑进了伏击圈。伏兵见盗匪到来，一齐呐喊出击。

岳飞看准时机，果断拨转马头，转身反杀。与此同时，营寨里的三十名"商人"也当起了内应。经过一番格斗，岳飞顺利擒住了匪首，将这股盗匪彻底剿灭。

岳飞剿匪有功，相州知州打算保举岳飞做一个从九品的承信郎。虽是个末流的小武官，可好歹是有了一个官身，这对农家子弟岳飞来说，已经是个了不起的成就。

只可惜，还没等岳飞收到任命状，一个不幸的消息传了过来——父亲岳和因病去世。

岳飞连忙回到家乡，为父亲守丧。

宣和六年（1124），岳飞守孝期满，他又去附近应募了一个"游徽"的工作。"游徽"类似于现在的巡警，但并不是正式的政府在编人员，地位和收入都不如人意。当了一段时间"游徽"后，岳飞觉得没前途，又萌生了投军的想法。

正巧，那一年河北西路多地发生水灾，拜宋朝"荒年养兵"的政策所赐，岳飞被当作无业流民招募进了军队。

这次，岳飞被分配到河东路平定军（今山西平定县），充当一个骑兵。接下来两年里，金朝南下侵略，岳飞终于真刀真枪地投入了实战。在那里，他曾有过单骑斩杀多名金军的优异表现，因此获得了一个"进义副尉"的名头。

所谓"进义副尉"，听起来挺响亮，其实只是个连品级都没有的底层小武官，此时的岳飞自然无法左右抗金大势。

我们知道，太原保卫战终究失败了，河东的大部分土地均遭沦陷，岳飞所在的平定军也没有摆脱被金人攻占的命运。

战事失利后，岳飞带着妻子刘氏、长子岳云和出生才几个月的次子岳雷，回到了汤阴老家。

归乡途中，岳飞目睹了山河支离破碎、百姓流离失所的悲惨景象。

骄横的女真骑兵在中原大地上烧杀劫掠，无数老幼妇孺如猎物一般被肆意虐杀，大量中原男子成了女真贵族的苦力，他们很多人被强迫按照女真习俗，剃发易服，经受着心理上和身体上的双重摧辱。昔日屋舍俨然、炊烟相望的中原沃土，现在到处土地荒芜、白骨露野。

岳飞恨自己空有一腔忠勇，却没有用武之地，更恨庸懦的官吏，不敢勇担国难，放任金人践踏大好河山。

回到家乡后，岳飞一家的生计依然没有着落。于是，在家待了不久，他决定再去应募投军。

这回，岳飞心里最放不下的是老母亲姚氏，此时姚氏已年近六十（古时已算高龄），她长期一个人生活，孤苦无依，现在不能没人照顾。但姚氏是一个深明大义的母亲，她不想成为儿子的累赘，不断勉励岳飞勇敢地出去闯荡，用一身本领来杀敌报国。

为了让岳飞始终铭记自己的报国之志，在临行前，姚氏在岳飞背上深深地刺了四个大字——尽忠报国！

从此，"尽忠报国"四字，也成了无数爱国志士心中的一面旗帜。

千百年后，这四个字，变成了"位卑未敢忘忧国，事定犹须待阖棺"；变成了"苟利国家生死以，岂因祸福避趋之"；变成了"只解沙场为国死，何须马革裹尸还"……

它激励着无数爱国者，在民族危亡之际，置个人生死荣辱于不顾，挺身而出，慷慨赴死！

靖康元年冬，岳飞告别老母和妻儿，第三次走上投军之路。

知遇张所

这年冬天，赵构在相州建立了大元帅府，并派武翼大夫刘浩在相州募兵，岳飞便来到刘浩麾下效力。

赵构建立大元帅府后，将所属军队分编为前、后、中、左、右五军，刘浩出任前军统制，岳飞成为前军中的一名普通战士。

刘浩是一个识才爱才的将领，听了岳飞的从军经历，对他十分器重。在那段时间里，岳飞靠着自己过人的胆识和武艺，连续开启立功模式。

刚到刘浩处不久，他便带着四名士兵闯入一处匪穴，顺利收编一股三百多人的盗匪，升任承信郎（从九品）。

接着，岳飞率三百士兵到大名府李固渡执行侦察任务，途中击溃一队金军，手刃金军将领一员，升任成忠郎（正九品）。

赵构和汪伯彦等人一路跑往济州的时候，为了引开金军的注意，命宗泽率军南征开封，同时将刘浩的前军转隶到宗泽名下。

岳飞作为南下军队的先头部队，先行来到开封附近的滑州。那里是金军重兵布防的区域，岳飞一改宋军看见金军就躲避退让的作风，大胆穿插至金军身后。

一日，岳飞领着几个骑兵在冰封的黄河河面上行进，突然遭遇了一股金军。将士见敌众我寡，都想转头逃遁，被岳飞当即喝止。岳飞气定神闲地告诉将士："两军狭路相逢，金人未必知道我们的虚实，如果现在趁他们立足未稳，主动出击，一定可以取胜！"

说完，岳飞便呐喊着策马冲向金军，金军的领头者也很彪悍，举刀迎了上来。两人近战之时，臂力惊人的岳飞一刀劈砍下去，刀刃竟然深入金将的大刀一尺多。金将从未见过如此刚猛的宋军，还没回过神来，岳飞已经拔出刀刃，横刀狂扫，将其斩于马下。岳飞的气势鼓舞了随行将士，部众纷纷勇往直前，将这股金军打得落花流水。

战后，岳飞以功补秉义郎（从八品）。

此后，岳飞随军转战开德府，在一次战斗中，岳飞阵前连发两箭，射杀两名金军执旗者，随后率部突击敌军，取得大胜之余，还缴获了一批军械。

此战过后，岳飞再升修武郎（正八品）。

靖康二年二月，岳飞随军转战曹州（今山东菏泽），在那里，他又上演了一场孤胆英雄的好戏。两军相遇，岳飞扔掉头盔，披头散发，挥舞四刃铁简，直冲敌群，手刃多名金军。士卒们受到岳飞感染，无不以一当百，奋勇向前，把金军打得抱头鼠窜。

此战过后，岳飞直升武翼郎（从七品）。

短短数月，岳飞数次在恶战中击败金军，立下奇功，他勇敢善战的威名也在军中传扬开来。

可惜的是，岳飞个人再勇猛，毕竟也只是一员底层将士，并不能扭转宋军的整体颓势。曹州之战后，大元帅府将所属五军重新编组，刘浩出任中军副统制，转归黄潜善节制。

四月，康王离开济州，岳飞作为中军的一名偏裨武将，随同大队人马，护送赵构到应天府登基。

接下来的几个月里，岳飞仿佛又进入到了失业状态，再也找不到机会和金军交手。

原因前面也说了，赵构并没有报仇雪恨的积极性，一心只想着往安全的地方跑。所以，岳飞只能闲着干着急。

到了六七月间，赵构将要"巡幸"扬州的诏令发了下来，岳飞心一急，不顾自己位卑官小，竟斗胆向朝廷上书言事。

在那份洋洋千言的上疏中，岳飞建议赵构：别听李纲、黄潜善、汪伯彦等人胡说，跑往扬州之举纯属苟且偷安，只要立刻还都开封，亲率大军渡河北伐，恢复中原必定指日可待！

岳飞的上书中，之所以把李纲和黄潜善、汪伯彦等人混为一谈，只因他远离中枢，并不了解高层的内部分歧。在底层军官岳飞眼里，李纲、黄潜善、汪伯彦都是给赵构出主意的人，都该负有责任。

当然，这种乌龙也怪不得岳飞，上下之间，毕竟存在信息不对称。

岳飞一上书，立刻把黄潜善、汪伯彦引爆了。

一个二十五岁的七品小官，居然也敢跳出来叽叽歪歪？什么时候轮到你说话了？反了你了！

黄潜善、汪伯彦连李纲、宗泽都敢阴，要对付岳飞，再简单不过。

小臣越职，非所宜言，夺官归田里！

黄潜善、汪伯彦轻轻松松给岳飞安了一个越职言事的罪名，将岳飞一撸到底，打回平民。

被罢职的岳飞怨愤交加，他怨的并不是自己辛辛苦苦积攒的军功因一句话就报销了，而是朝廷那副畏敌如虎的熊样。岳飞被赶出应天府后，并没有灰心丧气，他转头北上，来到了河北西路招抚司。

从此，岳飞开始了他的第四次投军经历。

河北西路招抚司是李纲任相时提议设立的机构，招抚使张所也是李纲所举荐的一名抗战派官员。

此时的岳飞已经小有名气，在他人的举荐下，他顺利进入招抚司从军,还得到了张所的亲自接见。

张所初见这名身形健壮、英气十足的青年,便心生好感,在了解岳飞的经历和志向后,两人留下了一段铭记史册的对话。

张所问岳飞:"我听说你勇冠三军,那么你自己估量一下,你一人能抵挡多少金军?"

岳飞听了张所的表扬,反而觉得张所只在意他的勇武,没有看到自己的真本领,直率地回道:"勇武并不值得依靠,用兵关键在于谋略。谋略,才是决定胜负的关键,为将之道,并不怕他没有勇气,最怕他勇而无谋。"

张所原以为眼前这个年轻人只是一个粗人,没想到还胸怀韬略,更加觉得惊奇,不禁用赞许的目光鼓励他继续说下去。

岳飞也不客气,滔滔不绝地讲下去:"现在的将帅,都爱自夸勇武无比,临阵之前,胸中却没有半点计谋,一旦交战,又不知道如何应对,这样作战,自然很难取胜。兵书言'上兵伐谋,其次伐交',就是说以智谋战胜敌人,才是最佳方法……"

岳飞越说越激动,似乎忘记了张所是招抚司的最高长官,竟然无所顾忌地掉起了书袋。

张所是个珍惜人才的官员,一点也没在意岳飞忘乎所以的演讲,反而不断点头肯定。

接着岳飞又从怎样当好一名将帅谈到了眼前的抗金形势,话匣子一打开,收都收不住。光从两人的架势看,都已经分不清谁是谁的领导了。

这番谈话过后,张所得出了一个非常具有预见性的判断:

"你绝不会是一个普通的军卒（公殆非行伍中人也）！"

> 世有伯乐，然后有千里马。千里马常有，而伯乐不常有。
>
> ——韩愈《马说》

张所认定岳飞是一个不世出的将才，遂予以破格提拔，很快，岳飞又从一个普通士兵，升为从七品的武经郎。

在岳飞坎坷的从军历程中，张所无疑是一个难得的伯乐，只可惜，这对伯乐和千里马的交集，仅有短短的一个多月。

若干年后，岳飞已经身居高位，他念念不忘张所的知遇之恩，派人想尽办法找到张所的后人，把他们当作家人一样来照顾。

九月中旬，岳飞接到作战任务，率部向河南北部挺进，当时他的顶头上司是都统制王彦。

没错，正是后来建立"八字军"那位。

王彦曾是种师道麾下战将，在抗击西夏时立过战功，靖康之难后，王彦投靠了张所，后被提拔为都统制。这回，他受命领着岳飞等人前去收复被金军占领的卫州（今河南卫辉）。

王彦、岳飞等人刚出发不久，他们便得到了令人震惊的消息——朝廷有令：撤除河北西路招抚司，罢免张所！

招抚司被撤、张所被免，都是李纲罢相后的连锁反应。张所是李纲推荐的官员，平时多有激烈言辞，为黄潜善、汪伯彦等人所忌，李纲一倒，他也受了牵连。

可怜张所，罢官后被责令贬居岭南，最后竟在潭州死于一名土匪之手。

招抚司被裁撤后，王彦的军队顿时成了断线风筝，前有金军重兵围剿，后无粮草援兵，处于十分危险的境地。

存乎一心

面对金军的逼迫，王彦并没有束手就擒，他带领部下打起了运动战，几经辗转，最后撤到了卫州共城县（今河南辉县）的西山。到了西山后，王彦逐渐站稳脚跟，附近的义军也纷纷赶来依附，队伍一度达到了十多万人，实力较之以往不降反升。

为了表达抗金决心，王彦军中的每位将士都在脸上刺了"赤心报国，誓杀金贼"八个字。从此，这支军队又被人称为"八字军"。

岳飞隶属于王彦，原本也该成为"八字军"的一员，但他却因一次矛盾冲突，脱离了大部队。

岳飞和王彦的冲突，并非私人恩怨，全因两人对军事行动的看法不一致。当王彦带领军队跑到共城山区驻扎时，遭到了金军的尾随围攻。王彦认为军队前期损失太大，只能先收集散亡的士卒，联系民间义军，休整后再做长远打算。

血气方刚的岳飞并不认可王彦的做法，他觉得应该当机立断，抓紧时间突围才是。照理说，王彦是上级，岳飞是下属，两人意见不合，岳飞就该服从王彦。偏偏他性如烈火，一言不合就带着自己的部队，擅自行动了。

纵观岳飞的整个人生经历，谁都不能否认，他是一个出色的军事家，一个伟大的爱国者。但我们也不能不承认，岳飞又是一个个性十足的人，行事向来无所顾忌。

按照中国官场的传统，岳飞这种性格的人，难免会碰壁。而更要命的是，岳飞是一员掌握军队的武将，绝非手无寸铁的文人可比，这种外人看来近乎跋扈的行为，往往会被统治者看成一种潜在的威胁，给自己招来巨大的危险。

很快，岳飞就因为这次不服从命令的行为，差点丢了性命。

岳飞带着部众独立行动后，奋力冲出了金军的包围圈。突围后的岳飞成了金军的重点"照顾"对象，不断遭到围追堵截，几经苦战后，躲进了太行山区。

山区的战斗并不容易，天寒地冻更兼粮草不济，岳飞的军队很快走到了溃散边缘，急需另谋生路。这时，岳飞听说了"八字军"发展壮大的消息，决定硬着头皮回去找王彦会合。

为了取得王彦的原谅，岳飞只身前去谢罪。王彦对岳飞擅自行动的做法十分愤慨，死活不肯收留岳飞，有人甚至建议王彦趁机处死岳飞。

最终，王彦既没有收留岳飞，也没有杀他，而是用一杯酒将岳飞送出了门外。

临行前，王彦告诉岳飞："以你的罪行，理当被诛杀，但是你犯下大错后，仍然敢回来见我，说明你是一个有胆魄的人，现在国事艰难，人才难得，我还是决定放了你。"

　　离开王彦后，岳飞只能继续孤军奋战，好在他的战斗力确实过强，硬是挺过了这段最困难的时期。

　　前面说到，宗泽担任东京留守后，广泛招揽各地抗金武装，王彦的"八字军"收到宗泽的召唤，也前来投靠。至此，王彦的军队终于重归朝廷正规军序列。

　　宗泽任命王彦为忠州防御使、两河制置使，统领两河地区的抗金行动。这个时候，王彦倒又想起了岳飞，他派人和岳飞取得联系，命岳飞前去把守一个渡口。

　　要说岳飞也真倔，如今老上级主动示好，你低个头，两人的心结也就解开了。可岳飞偏不，他不愿再接受王彦的领导，决定率领部队南下开封，直接去找宗泽。

　　跑到开封后，岳飞发现，自己真把事情想简单了。

　　东京留守司的官员审查岳飞的过往经历，发现他曾经违背上级命令擅自行动！那还了得！

　　按照宋朝军法规定，武将若不遵从号令，擅自率军出走，将被处以斩刑！

　　留守司的官员本要依律将岳飞问斩，好在情况报到宗泽那里后，被压了下来。岳飞在刘浩军中效力时，宗泽对这位骁勇善战的将士有所耳闻。老爷子爱才心切，在了解完岳飞的情况后，做出裁定：岳飞擅自行动是错，但出发点是因为抗金心切，属于情有可原，免除死罪，降职处理，今后将功补过！

　　不过，宗老爷子也不是白帮忙，不久，金军进犯孟州（今河南孟州）汜水关，宗泽当即命岳飞率领五百骑兵前去执行危险的侦察任务。

临行前，宗泽告诫岳飞："你犯下的罪行，本该问斩，我既然没追究你的责任，你今天就得给我好好立功。派你去侦察一下敌人的情况，不要轻易发生争斗（往视敌势，毋得轻斗)!"

岳飞听完，领命走人，转头又违反了宗泽的命令。

侦察任务当然要完成，不砍几个金人，那还叫岳飞吗？岳飞遭遇金军后，搂草打兔子，顺手又灭了一队金兵。

这个时候，开封传来命令，让岳飞留军竹芦渡（汜水关以东渡口），防止金军抢渡。岳飞率军和金军对峙，但很快他发现了一个问题，自己率轻骑兵出击，携带的军粮不足，无法和金军长期干耗。

这也难不倒岳飞，他点了三百士卒，命每人准备两束柴草，埋伏到附近山脚下。等到了半夜，他又让埋伏的士卒点燃柴草，高举火把，虚张声势。金军见对岸火光冲天，以为宋朝大队援军赶来了，连忙撤营奔走。岳飞瞅准机会，拍马率军追击，取得小胜，顺利凯旋。

宗泽一高兴，把"毋得轻斗"的告诫忘到了脑后，不但没批评他不遵将令，还把他提拔为统制官。

就这样，从建炎元年冬到建炎二年春，宗泽率军在开封附近和金军展开了激烈的拉锯战。岳飞则多次参加战斗，保持着"每出必捷"的纪录，为顶住金军的第一轮攻势立下不少战功。

岳飞的表现让宗泽非常满意，他有意将岳飞当作一名将才来培养。

建炎二年四月的一天，宗泽将岳飞召至跟前，交给他一沓阵图，让他回去好好学习研究，还特意勉励道："你智勇双全，堪比古代的良将。但是你偏好野战，这可不是好的做法，现在你只是一个偏裨小将，尚且可以这样做，如果将来成了统军大将，再这样就不合适了。"

在宗泽的眼里，现在的岳飞只是一个低级军官，所经历的都是一些小股部队的遭遇战，如果将来指挥大兵团作战，还是要熟悉排兵布阵，所以有必要让他补充点理论知识。

照常人来看，大领导袒护你、培养你，你怎么也得表现出感激涕零、虚心请教的态度才是。

可岳飞就是岳飞，他一声不吭地接过了阵图，啥都没表示，拍拍屁股走人了！

回去后，岳飞也没认真看阵图，草草一瞄，扔到了一边。

过了几天，宗泽又把岳飞叫了过来，问他看了阵图后有什么心得体会。

即便是面对德高望重的宗泽，岳飞照样口无遮拦，又说出了一席让人惊掉下巴的话：

"你给我的阵图，我已经看过了，只是一些定势下的经验总结罢了。可真到了作战的时候，地理、敌情都会发生变化，怎么可能按照一套固定的阵法去应对呢？"

狂，太狂了。

得亏眼前的领导是宗泽，否则岳飞就算是蜈蚣精投胎，小鞋也不够他穿的。

宗泽从没遇到过这么有个性的下属，一时都不知道说什么好。

岳飞可不管，接着蹦出了一条金句："用兵的关键，在于出奇制胜，让敌人无法提前预测你的情况，才能取得胜利（兵家之要，在于出奇，不可测识，始能取胜）！"

还没等宗泽回应，岳飞竟然接着抱怨了起来："如果我在平原旷野上，突然遇到了敌军，我哪有什么时间去排兵布阵呢？我现在只是一个裨将，所带的军队也不多，倘若阵法再一成不变，那敌人早就看透了我的虚实，铁骑一来，我岂不完蛋？"

宗泽万万没想到，本来想调教一下这个年轻人，结果反而被这个愣头青上了一课。

宗老师转眼变成了宗同学，他好奇地反问"岳老师"："照你这么说，这些阵法都成了没用的东西？"

岳飞一点也不客气，朗声回道：

"先排兵布阵，然后发起战斗，这是用兵的常规做法。但是灵活运用的奥妙，只存在于主将的心中。"

　　　　兵家之要，在于出奇，不可测识，始能取胜。
　　　　阵而后战，兵法之常，运用之妙，存乎一心。

此后，岳飞的这几句话也成了著名的军事格言，被很多军事家奉为圭臬。

事实上，二十六岁的岳飞已经天才般地洞察到了宋朝军事体制的关键弊病。

宋代的将帅作战一直拘泥于阵法、战图，使得战术极其呆板，很多时候，远在千里外的将帅还要靠朝廷预定的行军路线和阵图来安排军事行动。如此僵化的作战模式，一旦遇到以机动、迅捷著称的骑兵部队，怎能不尝败绩？

既有的思维框架束缚了无数宋朝的将帅，乃至如宗泽、李纲等人，也没摆脱这一思维定式。

但是，随着战事的演进，岳飞等一批新兴军事人才正在快速成长，他们在和金军骑兵的对抗中不断总结、反思，寻找着克敌制胜的法宝。

遭到岳飞的顶撞后，宗泽一点都没有生气，而是由衷发出赞叹："你说得对啊（尔言是也）！"

宗泽自此更加信任器重岳飞，对其委以重任。

可以说，宗泽是继张所之后，岳飞遇到的第二个伯乐。正是由于这两位心胸豁达、识才爱才的主帅，岳飞这个普通农家子弟，才能一步一步跻身宋军重要将领，成为南宋后期抗战的一个中流砥柱。

遗憾的是，两位赏识岳飞的伯乐都未能和他相处太久。

宗泽去世后，岳飞的处境变得日益艰难。

第四章 惊变

仓皇离扬州

顶替宗泽出任东京留守的人叫杜充。

杜充是哲宗绍圣年间的进士，在建炎初年，曾出任过北京（大名府）留守。

当杜充担任东京留守的诏令传到开封后，众将士的反应出奇地一致——郁闷。

杜充"不负众望"，到开封没几天，就把宗泽一年多来辛辛苦苦积攒的家底瞬间败光。

正在构建的防御工事？全体停工！

好不容易招抚来的民间义军？统统解散！

练兵？练哪门子兵？

收复两河？开什么玩笑！

至于杜充为什么自毁长城，道理也很简单，他的思路和黄潜善、汪伯彦等人差不多，他觉得以宋军的实力，无论如何都不是金军的对手，与其留在开封冒险抵抗，不如动脑筋和金军议和。至于那些民间义军，在杜充眼里，那是一些比金军还可怕的不安定分子，没派兵剿灭就不错了。

岳飞作为东京留守司的一员战将，自从杜充上任后，也进入了半歇业状态。

当杜充安于躺平的时候，危机也在不断靠近，春去秋来，天气转寒，很快又到了女真人喜欢的南下打劫时段。

建炎二年秋，金军再次三路齐发，扫荡陕西、河南、山东地区。

这次，金太宗吴乞买命粘罕亲率主力直捣江淮，力图一举抓住赵构。

中原大地，再次狼烟四起！

十一月，延安府（今陕西延安）、濮州（今山东鄄城县）、滑州（今河南滑县）、濮阳府（今河南濮阳）、相州（今河南安阳）、德州（今山东德州市）失陷；

十二月，东平府（今山东东平）、济南府（今山东济南）、大名府（今河北大名县）失陷；

建炎三年（1129）正月，徐州（今江苏徐州）失陷。

中原狼烟四起的时候，赵构却在扬州过得非常惬意，宫殿、女色、酒宴、器玩等，基本上是跟着老爹赵佶有样学样。

更令赵构开心的是，金军的这次进攻，还意外地帮了他一个大忙。

就在九月间，金将讹里朵派重兵围剿了五马山义军，义军力战不敌，营寨告破，那个传说中的信王赵榛也下落不明。

赵构听到这个消息，比金军还要高兴。此前他生怕被人抢了皇位，假惺惺地表示要还都开封。现在倒省事了，金军帮他消除了一大心病。如此一来，那张还都开封的诏书，自然也可以宣布过期作废了。

为了让赵构能够愉快地度过扬州假期，黄潜善、汪伯彦贴心地帮他屏蔽了所有外面的坏消息。

赵构对两人的工作十分满意。当年十二月，他提任黄潜善为左相，汪伯彦为右相，并乐呵呵地向大家表示：得此二人做宰相，我还担心什么国事呢？

讽刺的是，赵构的口头表扬还在耳边，金军的铁骑已经跑到赵构眼前了！

建炎三年二月初，当赵构还在内宫享乐的时候，内侍火急火燎地送来一个爆炸性消息——金军已经打到天长军（今安徽天长）了！

原来，这次粘罕中路军的行动非常迅速，途中不恋战、不缠斗，占领徐州后，便派数千精锐骑兵直接奔袭扬州，其中五百骑先锋部队已经跑到了天长军。

天长军，距离扬州也就六七十公里！

赵构原以为金军只想着在中原抢地盘，没料到人家是想玩斩首行动。他吓得一骨碌爬起来，撒腿就跑。这次跑路，他连宰相黄潜善、汪伯彦都没来得及通知，身后只跟着御营司都统制王渊及五六个宦官，一伙人参加长跑比赛似的冲出了行宫。

赵构跑路的消息在宫中最先传开。

于是,扬州城的百姓突然看到了一幕奇怪的景象:宫女、宦官、妃嫔、侍卫,这些平日里不容易见到的各色人群,争先恐后地不断从宫门中蜂拥出来,他们各自抱着包袱细软,慌不择路地冲向城外,完全没有了平日里的规矩和体面。

很快,城内的百姓都明白过来——金军快来了!

行宫里的混乱,马上波及整个扬州城。

"皇上跑了(官家去也)!"

随着扬州城内一声声凄厉的呼喊声,全城百姓都加入了逃亡大军。

一时间,扬州城内车马混杂、拥挤推搡,更有不少人因踩踏而丧命。

依照当时的情况,人们若想从扬州过长江,必须先赶到瓜洲渡口,然后再渡江到对岸的镇江府(今江苏镇江)。

可是,一时半会儿,从哪里找那么多渡船呢?

很多人跑到江边后,只能望着长江,呼天喊地,却找不到一点办法。

愤怒的人群把火气撒到了黄潜善和汪伯彦身上,既然大家都过不去,这两个误国误民的家伙也别想过去!江边的人们四处搜寻着黄、汪二人,恨不得把两人立刻扔到江里喂鱼。

这个时候,有个叫黄锷的官员正好逃到了江边。也是该他倒霉,不知谁冲他叫了一声"黄相公",结果他就被大家误认成祸国殃民的黄潜善，众人上来便是一顿乱砍。可怜的黄锷，还没来得及分辩几句，就替黄潜善送了小命。

其实，不光普通百姓没法过河，就连赵构到了江边，也一度找不到船只。这可没把赵构气得半死，因为享受归享受，他对跑路一事还是很上心的，平时就一再谕令御营司，务必在江边常备船只！关键时刻，怎么就掉了链子呢？

最后，幸亏御营司参赞张浚不知从哪里寻来了一艘小破船，才让赵构渡过长江，溜进镇江府。

刚跑到镇江的时候，赵构非常狼狈，随行的只有寥寥数人，像样的护驾卫队都没有，随身物品更是全丢在了江北，就连睡觉都是靠着一张貂皮，既当床垫又当被子，活脱儿难民一个。

皇帝尚且如此，普通百姓自然处境更惨。

当金军先锋部队赶到江边的时候，尚有十多万百姓来不及渡江，他们成了金人任意宰杀的对象，许多人在惊恐中朝江中奔去，不幸溺毙。

从扬州到瓜洲渡的运河水路里，挤满了逃亡时运输财物的公私船只，但是运河水浅，大量的船只陷入了河汊烂泥里，不能动弹，最终都成了送给金人的"见面礼"。

占领扬州城后，金军又开启了疯狂的掠夺模式，一如两年前的开封，扬州的十里春风，于是变成了血雨腥风。

逃离扬州这事，赵构干得非常狼狈。值得一提的是，狼狈的赵构还给我们留下了两个传说。

第一个传说叫"泥马渡康王"。据传，赵构因为渡江而犯愁的时候，突然有一匹白马跑到身边。赵构翻身上马，白马驮着他一路渡过长江，一直来到了杭州。到杭州后，白马饮了一口井水，瞬间化成了一匹泥马。在白马饮水处，人们还建了一座白马庙来纪念这匹神马。

很明显，这种段子是赵构往自己脸上贴金，鬼才信。

至于第二个传说，赵构肯定是不愿意提及的。说是内侍向赵构报告金军快到扬州的信息时，他正在内宫"遍施雨露"，经过这么一次惊吓，赵构落下了严重的生理疾病，此后丧失了生育能力。

这个传说真不真？可以说八九不离十。因为有一点是肯定的，此后赵构确实再没诞育皇子。

赵构跑到镇江后，第一个想修理的人便是御营司都统制王渊。这家伙曾拍着胸脯向赵构保证，江边随时有大批船只可用，现在牛皮吹破，当然要找他算账。

当时，不光赵构这么想，其他被坑惨的文武官员也是众口一词，坚决要求严惩王渊。更要命的是，据他人揭发，这家伙其实在江边备有船只，只不过当时都被他用来运输自家财物了！

玩忽职守，外加巨额财产来源不明，杀他一千遍也不为过。

在众口一词的喊杀声中，王渊展现出了极强的官场求生本领。为了平息众怒，他推出一个下属当替罪羊，将其斩首以堵塞众人口舌，然后转头去见了赵构。

见到赵构后，王渊向他提出了一个建议——往杭州跑。

王渊的建议成功转移了赵构的怒气，因为赵构当时最关心的事情，便是下一步该往哪里溜。

镇江毕竟不是久留之地，接下来，赵构和他的南宋小朝廷必须重新找一个安全的地方栖身。

关于选址问题，朝中大臣各有看法，提议去江宁府（今江苏南京）、平江府（今江苏苏州）、杭州的都有。从坚持抗金来说，靠近前线的江宁府应是更好的选择。但赵构的内心深处，一直把安全放在最高位，杭州离前线更远，况且那里水网密布，比较容易阻挡金国的骑兵，显然是更理想的行宫驻地。

王渊打仗不行，揣摩圣意的水平却不差，提前替赵构把心里话说了出来。

有了王渊的建议，赵构顺坡下驴，予以批准。自然，关于玩忽职守的事情，也就既往不咎了。

二月十三日，赵构一行来到杭州，安顿下来。

考虑到扬州事变的政治影响太坏，赵构假惺惺地下了两道罪己诏，算是向天下臣民做了一番自我检讨。

紧接着，赵构还撸掉了黄潜善、汪伯彦两人的相位。

赵构拿掉这两个家伙，一来为了平息众臣的怒气，二来也确实对两人有点不满：让自己安心享乐没错，但也不该搞得差点连逃跑的机会都没有啊！

不过，黄、汪二人毕竟是曾经的心腹，赵构也没有太亏待他们。最后，黄潜善外任江宁知府，汪伯彦外任洪州（今江西南昌）知府，两地分别为江南东路和江南西路的首府，属于肥缺中的肥缺，够意思了。

草台班子

赵构在杭州的安宁只是暂时的。在外面，金军的追击还没有停止，在内部，一场惊天大乱又把他吓得魂飞魄散。

为了把事情说清楚，我们有必要先让赵构身边的一堆人亮亮相，毕竟，他们跟着赵构跑来跑去，也不容易。

黄潜善、汪伯彦被赶出权力中枢后，继任宰相者，叫朱胜非。

朱胜非，字藏一，蔡州（今河南汝南县）人，元丰五年（1082）出生，徽宗崇宁二年进士。

靖康元年，朱胜非权知应天府，其间因为金军的入侵，还离城跑过一回，等金军走后，又继续回来当起了知府。靖康二年，朱胜非加入了拥立赵构的行列。邀请赵构到应天府来登基，便是他出的主意。

赵构逃到镇江后，接着又赶往了杭州，朱胜非被临时任命为"控扼使"，留在江北阻遏金军。等朱胜非跟着来到杭州，黄、汪二人已被罢相，老实巴交的朱胜非成了抗战派和妥协派都可以接受的人物，于是成了宰相。

文臣中的二号人物要数吕颐浩。

吕颐浩，字元直，熙宁四年（1071）出生，齐州（今山东济南）人。

吕颐浩父亲早亡，家境穷困，属于寒门子弟出身，他从小一边耕作赡养家人，一边还要攻读诗书。哲宗绍圣元年（1094），吕颐浩考中进士，从此步入仕途。

吕颐浩在朝中没有什么背景，能够进入赵构的视野，全因岗位履历关系。

靖康之役前，吕颐浩担任着河北转运使。徽宗赵佶筹划攻打辽国的时候，他担负起保障军粮运输的任务。待宋朝花钱买来燕云地区后，他又转任燕山府路转运使。

在燕山府路转运使任上，吕颐浩看到宋朝的潜在危险，建议赵佶加强边境防御，结果因为多嘴被降了官阶。再后来，郭药师背宋投敌，吕颐浩作为燕山府官员也被挟持着投降了金人。幸亏金军撤出燕山府后，他又被放了回来，并很快官复原职。不过，这回吕颐浩没干多久，就因病辞职了。

这次病假让吕颐浩完美地躲过了靖康年间的一系列破事，直到赵构即位称帝，他才重新复出，出任扬州知州。赵构跑到扬州后，觉得吕颐浩干得不错，给他提了官阶。

金军把赵构赶到镇江后，吕颐浩曾建议赵构别再继续往南跑，不如就地组织抵抗。赵构虽没采纳吕颐浩的建议，但还是把他提拔成了同签书枢密院事、江淮两浙制置使，全权负责沿江防务。

第三位出场的文臣叫张浚。

张浚，字德远，汉州绵竹（今四川绵竹）人，哲宗绍圣四年

（1097）出生，徽宗政和八年（1118）中进士。张浚的家世可不简单，翻翻族谱，他是唐朝名人张九皋的后代，张九皋有个更著名的宰相哥哥，名叫张九龄。

张浚年纪比朱胜非、吕颐浩小很多，靖康之难发生时，他还只是一个小小的太常寺主簿（从八品）。张邦昌成为伪楚皇帝后，他不想出任伪职，机灵地躲进了太学。

赵构一称帝，张浚奔到应天府投靠，出任枢密院编修、殿中侍御史、侍御史等职。

张浚跟着赵构来到扬州后，建议赵构加强西北、长江中游等重点区域的防务。赵构觉得张浚可堪一用，将他提拔为御营使司参赞军事。没想到，关键时刻，张浚还真帮上了大忙！这不，瓜洲渡的那条小木船就是他找来的。

赵构逃离扬州后，张浚负责协助朱胜非断后，等朱胜非回到杭州，张浚一个人留了下来。

张浚在苏州一带主持防务时，有权节制御营司的战将。其中，有两人最为出名。

第一个人叫张俊。

没错，就叫张俊，和上面的张浚只差了一个偏旁。

喜欢历史的朋友可能会有一个感受，读史最怕的事情便是人名太多，才没翻几页，张三、李四蹦出了一大串，根本记不住谁是谁，这还怎么读？

所以，我写历史，遇到戏份少的人，尽量隐去人名，就怕让大家搞混了，读得不舒服。

但是，关于张浚和张俊的问题，我只能劝大家忍一忍，因为他们都是接下来的主要角色，两人甚至还会有些对手戏，到时只能拜托大家擦亮眼睛，分得清楚一点。

这里，我可以再啰唆一句，其实也好记，带水（三点水旁）的"张浚"是文臣，旁边站着（单人旁）的"张俊"是武将，宋朝以文制武嘛。

好了，继续说张俊。

去过杭州岳王庙的朋友应该知道，在岳飞墓前，有四个反剪双手，面墓而跪的铁铸人像，右数第一个就是这人。

张俊，字伯英，元祐元年（1086）出生，凤翔府成纪县（今甘肃天水）人。

张俊原是一个普通的弓手，他十六岁便投军效力，在靖康之难前，凭借军功当上了一个从七品的小武官。

靖康年间，张俊曾跟随种师中去解太原之围。后来的情况也说过，解围没有成功，种师中以身殉国。当时，张俊带着本部人马逃了出来，投奔到了信德府（今河北邢台）。

赵构建立大元帅府后，河北各地军队都去投奔，张俊也是其中之一，赵构见他长得精神，封他为元帅府后军统制。

张俊此后跟着赵构辗转东平府、济州、应天府，赵构称帝前，张俊是劝进队伍中最卖力的几人之一。登基后，赵构成立了御营司，张俊转任前军统制。

当时，江淮地区到处都是盗匪，张俊忙着四处剿匪，积极为赵构南迁铺路。

赵构暂驻杭州时，张俊归张浚节制，带兵驻防吴江县（今江苏苏州市吴江区）。

张浚手下的第二个武将名气大得多，韩世忠是也，在南宋初年的抗金斗争中，他时有亮眼表现。

韩世忠，字良臣，元祐四年十二月二十三日（1090 年 1 月 26 日）出生，延安（今陕西延安）人。

韩世忠一出场，就是个标准的猛男形象，身材魁梧，目光如电（风骨伟岸，目瞬如电）。

韩世忠出身于贫苦人家，平时喜欢喝酒，为人豪爽随性，不喜欢受约束。年轻的时候，韩世忠曾找人算命，算命先生掐指一算，说韩世忠将来能当大官，直到位列三公为止！

韩世忠一听，反而暴怒了。

位列三公？那岂不是要当上宰执大臣才有可能！我一个穷得快要饭的人，你说我位列三公不是拿我寻开心吗！

结果，愤怒的韩世忠把算命先生结结实实揍了一顿，按照韩世忠的战斗值，估计那先生得半个月下不了床。

当然，如果韩世忠知道后来发生的事情，一定会好好去给人家道个歉。

十八岁时，韩世忠应募从军，成为宋朝西北边线上的一名普通士兵，在抵御西夏的战斗中，韩世忠凭战功当上了"进勇副尉"。

这个"进勇副尉"和此前岳飞的"进义副尉"差不多，都是不入流的最低级武官。

宣和二年（1120），韩世忠跟着王渊前去讨伐方腊起义。当时，朝廷有诏令，凡是能得到方腊首级的，官授两镇节度使。韩世忠穷追方腊到清溪帮源洞，然后跋山涉险，孤身进入洞穴，将方腊抓了出来。可气的是，有个无耻的官员堵在洞口，等韩世忠一出来，便抢走了俘虏，自己去邀功了。事后，韩世忠只得了个从九品的承节郎。

接下来的岁月里，韩世忠一直在王渊麾下效力，抗击金军、扫平盗匪等活儿没少干，赵构称帝前，他官至州防御使（从五品）。

赵构在济州时，韩世忠率部前去投奔，并且还随驾扈从赵构到应天府登基。御营重建后，韩世忠被任命为左军统制。

建炎二年，韩世忠奉命屯守淮阳（今河南周口市淮阳区），直接面对粘罕所率的金军主力兵团。抵抗没多久，韩世忠被粘罕击败，率残部南逃。

韩世忠跑到杭州面见赵构后，又马不停蹄赶赴阳城、盐城一带，召集流亡散卒，重新组织防御力量。

最后一个出场的人，刘光世。

刘光世，字平叔，元祐四年（1089）出生于保安军（今陕西志丹县）。刘光世和韩世忠可不一样，他有一个官至节度使的父亲——刘延庆。

有父亲在前面铺路，刘光世从小就赢在了起跑线上。

刘光世先是靠着父亲荫补为三班奉职，然后累升至州防御使，轻轻松松抵消了韩世忠前二十年的努力。

宣和三年，刘光世跟随父亲镇压方腊起义，凭借战功再升观察使。宣和四年，宋军攻辽，刘光世跟随父亲攻下易州（实为主动投降），升领奉国军承宣使，进入高级武官行列，对比一下看得出，那是韩世忠直到建炎二年才取得的职衔。

在第二次伐辽时，刘延庆指挥混乱，导致宋军一溃千里。那场战斗，刘光世也是军中一员。战后，父子二人都被降了官。可没过多久，两人又神奇地官复原职了。

靖康元年，西夏应金朝之约进攻宋朝，刘光世负责率军抵御西夏军。同年十一月，金军第二次进攻宋首都开封，刘光世率军回师救援，在行军途中得知宋朝已被灭亡。第二年，刘光世率部投靠赵构，当即被任为元帅府五军都提举。待赵构即位后，他又被任命为提举御营使司、行在都巡检使。

所谓"元帅府五军都提举""提举御营使司"等，都是临时差遣，不过，从称谓上就可看出来，那是总揽军务的要职。在赵构最初的小集团中，刘光世凭着深厚的资历，成了建炎时期的武将第一人。

这年八月，刘光世因讨平山东的一股土匪，升领奉国军节度使，成为南宋建立后第一个获得"节度使"衔的武将。

赵构渡江南逃时，刘光世曾率部抵御金人，但他的表现比当年的老爹刘延庆没好多少，一遇金兵就全线溃退，和他头上的光环极不相称。

看了前面的履历，很多人可能都已经产生了一个疑问，为什么这货在战场上表现得如此无用，混在官场却总是那么顺利呢？

事实上，刘光世的神奇升迁，正是下面这场祸乱的导火索。

苗刘之变

刘光世能够成为南宋第一个节度使，当然不全靠那点不起眼的剿匪功绩，否则功绩甩他几条街的宗泽早就建节了。刘光世的高升，关键在于运用了一条中国古代官场屡试不爽的"宝贵经验"——走后门。

刘光世的后门乃是康履、蓝珪。

康履、蓝珪是赵构的两个贴身宦官，早在赵构任康王的时候，他们便以王府都监的身份贴身服侍。此后，赵构无论是到金营做人质，还是到相州开大元帅府，乃至从扬州一路南逃，两人始终跟随左右。所以说，他们和赵构的关系非常铁。

康履、蓝珪深得赵构信任，因此得以狐假虎威、操弄权柄，甚至干预朝廷人事任免，刘光世正是靠拍二人的马屁，才骗到了节度使的荣衔。

作为宦官界的成功人士，康履和蓝珪平日里十分嚣张，看待那些武将宛如自己的家丁，动不动就呼来喝去。其中，康履最为夸张，他甚至在泡脚的时候还要武将在旁边站着当保安（踞坐洗足，立诸将于左右），简直比皇上还牛。

那些闻着康履脚臭的武将表面虽然恭顺，估计心底已经用权阉、阉竖等词汇反复问候了他一百遍。

建炎三年三月，两个不停作死的宦官终于遇到了他们的克星。

苗傅、刘正彦。

苗傅和刘正彦都是将门之后，苗傅的祖父曾担任殿前都指挥使，刘正彦的父亲则曾任熙河路经略使，两人此时分别担任着御营后军统制和御营右军副统制。

赵构对于武力抵御金人一直没信心，所以早在金军进攻扬州前，他就派苗傅和刘正彦先行护送孟太后和皇子赵旉到了杭州。

前面刚说了，御营司的其他几支部队，正由刘光世、韩世忠、张俊等人统领，沿长江把守各处要地。故而，待赵构等人跑到杭州后，苗傅和刘正彦的军队成了护驾主力。

这里还得补充说下，这里的皇子赵旉，乃是赵构的小妾潘氏所生。潘氏和坑死张邦昌的李氏差不多，因为没有名分，才得以躲过一劫。建炎元年六月，也就是赵构当上皇帝后一个月，潘氏为他生下了一生中唯一的儿子赵旉。潘氏母凭子贵，成了潘贤妃。

苗傅和刘正彦对宦官弄权的情况非常不满，也看不起刘光世等靠依附宦官上位的将领。到杭州后不久，他们收到了一个无比惊人的消息：那个本以为要被撤职查办的王渊不但保住了官位，还被破格提任为同签书枢密院事，从此跻身宰执班子！

我们参考此前狄青的事迹就知道，这对武将来说，已属于天大的荣耀。这哪里是咸鱼翻身，简直就是咸鱼长出翅膀飞上天喽！消息一出，很多将领愤愤不平。

后来一打听，王渊之所以能不降反升，主要还是因为学习刘光世，走了康履等人的后门。

苗傅自以为是一员老将，看到王渊这么一个草包噌噌往上爬，实在气不过，就拉拢刘正彦谋划政变。而刘正彦对王渊也有不满，于是两人一拍即合。

苗傅和刘正彦密谋叛乱的事情"不小心"传到了康履耳朵里，康履立即向赵构报告。赵构一听傻眼了，连忙召来宰相朱胜非想办法。

朱胜非根据康履得来的小道消息，听说苗、刘二人会在天竺寺起事，便让王渊带着本部人马到那里布置伏兵，准备将两人一举拿下。

事实上，康履得到的小道消息并不靠谱，王渊派到天竺寺的军队等了个寂寞，自己却在第二天上朝时，被埋伏在城北桥下的叛军候个正着。

刘正彦人狠话不多，当场剁了王渊的脑袋，并随即派兵包围赵构所在的行宫和所有宦官的住宅。紧接着，一场屠杀迅速展开，那些住在行宫外的宦官最倒霉，刘正彦也不管他们是不是康履、蓝珪的同党，一律予以斩杀。

砍完人后，苗傅和刘正彦提着王渊的人头去找赵构说理。

康履听说苗傅、刘正彦发动兵变，知道是自己惹的祸，赶紧跑进宫里向赵构报告。赵构听到事变的消息后，都不敢出来和叛军对话，只是让朱胜非前去谈判。

朱胜非急忙奔上行宫城楼，质问门外的苗傅、刘正彦为什么要这么干。

为什么？这还用说？

苗傅等人根本不想和朱胜非废话，他们把王渊的人头挂到城门上，声称自己只想找赵构说事，让朱胜非哪儿凉快哪儿待着去。

当时，赵构身边还有一支军队是御营司中军，他们担负着把守行宫大门的职责。但是，中军统制吴湛平时也非常反感康履等宦官，他虽然明面上没参与兵变，却对苗傅、刘正彦持同情态度。关键时刻，吴湛站到了苗、刘这一边，他打开宫门，允许苗、刘派人进去面奏赵构。

苗、刘派去的人正告赵构，苗傅、刘正彦这么做并不是为了私利，只是想为朝廷除害而已。

赵构听后，哪还敢说什么，只能唯唯诺诺地应付着。

为了平息事态，赵构终于登楼现身，亲自和苗傅、刘正彦对话。苗傅在楼下厉声告诉赵构：你一味信任宦官，导致有功的将士得不到赏赐，那些巴结宦官的人却步步高升。老子非常不爽，今天必须将康履等人砍了向三军谢罪！

赵构这时候肯定不敢还嘴，表示朝廷会马上将这几个挑事的宦官流放海岛，随即还宣布，将马上给苗傅、刘正彦升官。

苗傅听了赵构的话，冷冷地回复："咱如果想升官，也觍着脸去巴结那些宦官就是了，还动刀动枪干什么？"

今天，咱就是要康履等人的脑袋！

话说到这份儿上，赵构只好做出妥协，命人将康履交给叛军处置，然后宣布将蓝珪等弄权的宦官统统流放远方。

康履听说自己要完蛋，觉得非常委屈，哭嚷着说，干坏事的也不止我一个，为什么偏偏只杀我呢？

唉，谁让你平日里最嘚瑟呢？现在，喊破喉咙也没人救得了你了。

康履被交给叛军后，苗履当即将他腰斩，斩完还不解恨，又命人将其碎尸万段，他的人头也和王渊一样，被挂到门头上示众。

康履死后，赵构觉得自己已经满足了苗傅、刘正彦的要求，就劝两人早点各回军营。可是事情已然闹到这般地步，哪能说收摊就收摊？

无论赵构怎么劝说，苗傅、刘正彦都没有退兵的意思，反而蹦出了一句令他更加惊恐的话：

"陛下不应当即皇帝位，万一渊圣皇帝（即宋钦宗）回来了，把他放在什么位置呢？"

苗傅、刘正彦说出了很多人心里想说却不敢说的话。

是啊，按照儒家法则，如果你真是忠臣孝子，该想办法把老爹和哥哥救回来才是，怎么自己急吼吼地坐上了皇帝宝座，摆明了对抗金没信心嘛。

赵构被人当众揭了底，又羞又恼，但现在自己处于弱势，还真想不出好法子。

没办法，还是接着谈吧。

赵构命朱胜非攀着绳子，从城楼上爬下去，和苗、刘继续谈条件。

朱胜非见到苗傅、刘正彦后，带回了两人开出的条件：赵构退位，孟太后垂帘听政，小皇子赵旉继位。

听说苗、刘要废掉自己，赵构倒吸一口凉气，可城门前两颗血淋淋的人头还当灯笼挂着呢，容不得他矫情。最终，他还是答应了苗傅、刘正彦的全部要求。

苗傅、刘正彦搞定了赵构，在孟太后那边却出了岔子。

孟太后听说苗、刘二人的要求后，连忙推辞，称现在国事纷乱，自己一个老婆子带着一个三岁的孩子，怎么能担当大任呢，金人听说了，岂不是更要侵犯宋朝？

搞辩论并不是苗傅、刘正彦的强项，他们也没耐心继续扯下去。末了，苗傅不无威胁地表示："如果朝廷一直犹豫不决，恐怕军心思变，发生祸乱！"

苗傅的话，就等于最后通牒。算了，那还说什么。

三月五日，南宋小朝廷在一天之内完成了权力更迭。

赵构被废为"睿圣仁孝皇帝"，安排出宫居住。五十七岁的孟太后带着三岁的赵旉宣布垂帘听政，建炎三年也改成了明受元年。

随后苗傅升任武当军节度使，刘正彦升任武成军节度使，暗中支持苗、刘的吴湛升任侍卫步军司都指挥使。

完了，事情似乎都办完了。

但是，现在该轮到苗傅、刘正彦傻眼了。

忽　悠

要说苗傅、刘正彦还真是俩粗人。

他们闹政变说到底只是基于对康履等宦官的义愤，本身并没有长远的政治规划，自然也没想过如何处理接下来的局面。

朱胜非等朝中大臣如何安排？

金军还在南下，如何应对？

最关键的，吕颐浩、张浚、刘光世等统兵在外的文臣武将怎么办？

政变发生的时候，吕颐浩和张浚分别在江宁府、平江府布防，当苗、刘派人把大赦诏书传来时，他们立刻就觉察了其中的猫腻。很快，政变的消息被核实，两人立即秘密联络武将韩世忠、刘光世和张俊，准备发兵勤王。

苗傅和刘正彦一见这架势，心虚得要命，手忙脚乱地采取了一些应对措施。

但从实际效果来看，苗、刘二人的应对措施纯属瞎子点灯——白费蜡。

他们以朝廷名义将张俊调任秦州，张俊不听，新任命的前军统制也不肯上任。

他们派人防御刘光世，人家转身主动投靠刘光世，加入了平叛大军。

他们想调张浚入朝做官，张浚更没有傻到自投罗网。

他们宣布罢免张浚的职务，贬任黄州团练使，大家继续把诏书当空气。

....

当苗傅和刘正彦忙着发空头文书时，老辣的吕颐浩、张浚熟练地玩弄起了政治手腕，他们一边紧锣密鼓地调动军队，一边却继续和苗、刘二人保持联系，在各种琐碎的事情上扯皮，释放各种烟幕弹。

与吕颐浩、张浚相比，朱胜非更是人精中的人精，作为朝廷宰相，他居然凭着花言巧语骗取了苗、刘二人的信任，遇到事情总能以和事佬的姿态出现，不动声色地为平叛争取了时间。

在处理韩世忠的问题上，苗傅和刘正彦更是彻底暴露了自己的智商短板，被朱胜非狠狠按在地上摩擦了一回。

自兵变消息传开后，韩世忠是讨逆热情最高的将领，他一路带兵杀到了秀州（今浙江嘉兴），在那里筹备粮草，准备攻城器械，咬牙切齿地表示："誓与叛贼不共戴天！"

韩世忠动兵的时候，他的家眷仍留在杭州，苗傅也不含糊，立刻派人绑票了他的夫人梁氏，试图拿她做人质，逼迫韩世忠退兵。

要说这位梁氏，也是位传奇女性，在后世许多话本和演义小说中，她有一个大家耳熟能详的名字——梁红玉。

据说，梁红玉是一个性格泼辣的女汉子，她出身武将世家，从小就跟着父亲学习武艺，练就了一身好功夫。徽宗宣和年间，方腊起义爆发，梁红玉的家人因为征剿方腊不力，不幸获罪被杀。家道中落后，梁红玉流落镇江，成了一名官妓。

此后，童贯率师平定了方腊，班师回朝途中，军队经过镇江，召了一些官妓来陪酒。那一次，韩世忠也在军中同行，他在酒席上结识了前来陪酒的梁红玉。梁红玉粗通文墨，又有一股巾帼不让须眉的独特气质，立刻引起了韩世忠的注意。梁红玉对英武威猛的韩世忠也心生好感。一来二去，两人惺惺相惜，便结成了夫妻。

苗傅绑票女人的做法虽说不光彩，好歹也是一种应对策略。这个时候，老狐狸朱胜非跑来替苗傅出主意了："韩世忠为什么一直逗留秀州，没有马上率兵杀过来呢？说明他内心还在犹豫啊！这个时候，如果你能派他的妻子回去，劝他倒向你们，你们岂不实力大增，张浚、吕颐浩之辈不就不攻自破了？"

苗傅一听，激动得差点拥抱朱胜非。是啊！我怎么没想到呢？要说还是老朱考虑得周到呢。

苗傅经朱胜非一顿忽悠，潇洒地挥手放行，不但放了梁红玉，而且好事办到底，连其他家眷也不扣押了。

梁红玉得此良机，翻身上马，连夜向秀州奔去。

苗傅的爽快操作，连朱胜非都感到意外，背地里乐得连连惊叹：这二愣子，凶虽凶了点，可还真是职场菜鸟啊。

经过一夜狂奔，梁红玉见到了韩世忠。自然，劝降是不可能的，揍人倒是肯定。

她告诉韩世忠：你赶紧把刀磨快一点，城内那两个蠢货很好对付，大家都盼着你立功呢。

从三月中旬开始，形势对苗傅和刘正彦越发不利。

三月二十五日，吕颐浩、张浚发布讨贼檄文，命韩世忠为先锋，张俊负责侧翼，刘光世殿后，两人自领中军，几路大军浩浩荡荡向杭州杀来。

三月二十九日，吕颐浩、张浚上疏，要求马上请赵构复位。

苗傅、刘正彦这回是真的没辙了，他们惊恐地发现，形势正在急速失控，别说外面大军压境，就连自己的属下也变成了墙头草，指不定什么时候就会反过来咬自己一口。

关键时刻，"好心人"朱胜非又替苗、刘出了个主意："依我看，勤王部队也不过是想让你们主动纠正错误，要不然，他们早动手了。现在你们不如早点主动请仁孝皇帝（赵构）复位，再请皇上赐给你们一个誓书铁券（类似于免死金牌），岂不是很好？"

开玩笑，废立皇帝这样的大事，也能吃顿夜宵，道个歉解决？从古到今，办这种事情的人几个能留全尸？

至于什么誓书铁券，历史也一再告诉我们，它们保质期极短，转眼就能变成破铜烂铁。

其实，如果我们冷静地替苗傅、刘正彦分析一下，哪怕到了这个时候，他们也不是毫无胜算。不管怎么说，毕竟太后、皇上都还掌握在自己手上，这是他们手中最大的本钱。只要这几位超级人质在手，就算吕颐浩、张浚等人的兵力再强，也不敢轻举妄动。

退一万步说，如果苗傅、刘正彦铤而走险，挟持着太后、皇上出逃了，谁又能把他们怎么样呢？要知道，当时宋朝疆域内混乱不堪，比不得太平时节。

说一千，道一万，肉票肯定要比什么"誓书铁券"靠谱得多，这是三岁孩子都该懂的道理。

只可惜，苗、刘二人的智商有限，一着急，居然又被大忽悠朱胜非给套路了。

四月初，赵构被请回宫中，重新坐上了皇位。年号改回来了，孟太后又退休了，赵旉则变成了皇太子，不到一个月，一切又回到了从前的样子。

赵构做回皇帝后，吕颐浩、张浚并没有停止进军。平叛大军一路势如破竹，很快就抵达临平（今浙江杭州市临平区），离杭州城近在咫尺。

苗傅和刘正彦思来想去，最后还是决定带着残部逃出杭州保命。可笑的是，两人临走前还跑到宫里，催要了那份正在赶制中的誓书铁券。

四月四日，平叛大军进入杭州，苗、刘之变宣告破产，中军统制吴湛因和叛军勾勾搭搭，也被韩世忠拿下。

赵构一面对吕颐浩、张浚等人大加封赏，一面命韩世忠继续追击苗傅和刘正彦。

苗、刘二人溜出杭州城后，像无头苍蝇一样在江浙一带乱窜。挣扎了两个月后，刘正彦兵败被擒，苗傅一个人落荒而逃。又过了段时间，苗傅也被地方武装抓回，交到韩世忠手中。

七月，苗傅和刘正彦被押送回来，处以磔（zhé）刑（将犯人分裂肢体后悬首张尸示众的刑罚）。

至此，这场乱世中的闹剧落下帷幕。

苗刘之变虽在短时间内结束了，但这场变故给赵构的心理造成了沉重打击。从充当人质开始，他的内心就被一种深深的不安全感所充斥。

此前，兄长赵桓将他当作弃子，现在，臣子又背叛了自己。

在这个世界上，谁都可以出卖你，谁都需要提防戒备，这是赵构心中越来越固化的认识。

此后，这份偏执的认识将不断放大，一直伴随赵构终身。

第五章 南逃

求和不成

苗刘之变平息后，宰相朱胜非主动提交了辞呈。他不愧为官场老油条，知道自己在平息事变过程中和苗傅、刘正彦产生了瓜葛，虽说看上去是委曲求全，但保不齐言官御史秋后算账，所以觉得还是早点避开为好。

朱胜非走后，吕颐浩升任右相兼御营使，张浚升任知枢密院事兼御营副使，成为宰执班子核心成员。

建炎三年五月，天气开始转暖，怕热的金人陆续从扬州撤军，赵构把行宫迁到了江宁府，并把江宁府改名为建康府（今江苏南京）。

自打称帝开始，赵构的行宫一路向南迁移，这回破天荒地从杭州北迁到建康府，倒不是因为受了精神刺激，想突然雄起。恰恰相反，他只是为了方便和金人取得联系。

经过几年提心吊胆的生活，赵构觉得，唯有取得金国承认，他才能过上安生日子，此前几次向金人示好不成功，主要还是因为态度不够诚恳。这回，他痛定思痛，决定以自降身价的方式博取金人信任。

建炎三年，赵构派人出使金国。这回，在使臣带去的国书上，赵构连自己的称谓都改了，以前是"大宋皇帝构致书大金元帅帐前"，现在变成了"宋康王赵构谨致书元帅阁下"。赵构甚至在信中还表示，只要金朝高抬贵手，放自己一马，宁愿使用金朝年号。

由"大宋皇帝"变成"康王赵构"，再加上使用他国年号，等同于将自己降格为对方的臣属，如此一来，南宋的地位将比张邦昌的伪楚政权还要卑下。

只可惜，赵构的诚意并没有打动金人，第一路使臣不仅没有给他带来好消息，还被金人给扣了下来。

一次不行，就两次，两次不行，就三次！赵构充分发扬锲而不舍的厚脸皮精神，连续三次向金国派去使臣求饶，在最后一次出使中，宋朝文人以其惊人的文字功底，献出了一篇惊世骇俗的"求饶书"。

虽然许多人都觉得古文晦涩难懂，但我可以拍着胸脯保证，这篇"求饶书"着实值得研究，万一大家不小心踩了坑，大可借鉴一下，无论对方是前辈、领导，还是女友、老婆，保你奉上以后，逢凶化吉，遇难成祥。

现在，就让咱们跟着赵构学习一下：

"使者临出发，我们君臣二人抱头痛哭，有话要说（既遣使者于庭，君臣相聚，泣而言曰）"——第一，先装可怜，酝酿情绪。

"现在你们大国征讨我们一个小邦，就比如一个猛男痛打一个小矮人［今大国之征小邦，譬孟贲之搏僬侥（jiāoyáo）耳］"——第二，抬高对方，贬低自己，表明态度。

"我从开封逃到应天，从应天逃到扬州，又从扬州逃到江宁……现在是想守却无人可守，想逃却无处可逃（自汴城而迁南京，自南京而迁扬州，自扬州而迁江宁……是以守则无人，以奔则无地）"——第三，承认自己失败，讲明事实。

"我每日恐惧彷徨，进退维谷，狼狈地苟且生存，只求你能可怜我、放过我［一身彷徨，局天蹐（jí）地而无所容厝，此所以朝夕諰諰然，惟冀阁下之见哀而赦己也］"——第四，打感情牌，博取对方同情。

"进山打猎，将山中野兽全部打尽的，并非最高明的猎人；张网捕鱼，将水里的鱼虾一网打尽的，并非最高明的渔人（故曰竭山而畋者，非善畋者也；竭泽而渔者，非善渔者也）"——第五，说理论证，逻辑严密。

"希望阁下目光宏远，可怜我这孤危的小国，停止征讨，恩赐我苟延残喘，度过余年。如果将来我侍奉大国有不周到的地方，你再来揍我也不迟（伏望元帅阁下恢宏远之图，念孤危之国，回师偃甲，赐以余年。倘异时奉事之诚不足以当保持之意，则移师问罪）"——最后，指天赌咒发誓，收工！

赵构以为，话都说到这个份儿上了，金国总该有所触动。可气的是，不管他如何放低姿态，金人始终没有做出积极回应。

屋漏偏逢连夜雨，正当赵构备感郁闷的时候，他还遇到了另一件窝心的事情——皇子赵旉病逝。

皇子赵旉生下来就体弱多病，七月间，小皇子又生了一场重病。养病期间，一个服侍赵旉的宫女不小心踢翻了一只鼎，鼎倒地后发出的声响把小皇子吓得抽搐不已。没多久，皇子赵旉竟然夭亡了。赵构又急又怒，气得下令斩杀了闯祸的宫女。

但事已至此，杀人泄愤也没用。

赵构还来不及消解失去皇子的悲痛，马上又收到了一个坏消息。

闰八月，赵构没有盼来金人的使臣，却迎来了他们的第三轮进攻。

金人的军事行动确实非常规律，基本上都是秋天整军出发，冬天大打出手，春暖收工回家，夏天放暑假……这回，金军仍分三路南侵，只是他们的统兵将领又做了调整，我们还是得费力记一下。

金军东路主帅换成了挞懒（汉名完颜昌），挞懒是完颜阿骨打的堂兄弟，也是金军中的一员骁将，他负责继续攻掠山东和淮北地区。

西路军的主帅倒没有变化，仍然是斡里衍，他的主攻方向依旧在西北一带。

担任中路主攻的金军统帅叫完颜宗弼，他有一个我们更加熟悉的女真名——兀术（zhú），在很多演义故事中，常称其为金兀术。

金兀术是完颜阿骨打的第四个儿子，人称"四太子"，早年跟着哥哥斡离不征战，素以打仗凶悍、不要命著称。史载，在一次对辽国的战斗中，他射光身边的箭矢后，竟徒手夺取辽兵的长枪，一口气刺死敌军八人，活捉五人。

在今后的很长一段时间里，他成了宋朝最可怕的敌人。

在诸多金军将领中，兀术对宋朝的态度尤为强硬，甚至较粘罕有过之而无不及。这次，他主动要求率兵南下，出发前，他喊出了一个响亮的口号。

搜山检海捉赵构！

赵构听说金军又来了，派人把孟太后和后宫妃嫔护送到了洪州（今江西南昌），自己则在张俊的护卫下，匆匆溜回了杭州。此时的杭州，已经改名为临安府，这是赵构在七月所做的安排。

为了阻遏金军，赵构下令以杜充为江淮宣抚使，驻守建康府；以韩世忠为浙西制置使，驻守镇江府；以刘光世为江东宣抚使，驻守太平州（今安徽当涂县）、池州（今安徽池州）一带，沿着长江，构筑起一道防线。

在这道沿江防线中，杜充被任命为主帅，有权节制韩世忠、刘光世两军。

东京留守杜充，怎么突然跑到了建康府呢，这事我们也得补充说一下。

杜充没有宗泽那样的抵抗决心，一门心思想着撤往南方。于是，当他听说赵构暂驻建康府后，就以"勤王"为名，带着主力疯狂地向南跑路。

杜充自己跑路也就算了，还跑得非常猥琐，他自私地带走了留守司的全部精锐部队，然后转身把烂摊子甩给了副留守。副留守也不傻，又把摊子甩给了留守判官，留守判官有样学样，继续把摊子扔给别人……经过一番精彩的击鼓传花，仅仅过了半年，东京落到金人手中。

东京的不战而弃，致使宗泽好不容易整合起来的北方抗金基础瞬间瓦解，很快，中原腹地都成了沦陷区。

杜充是七月份赶到建康的，他一到，赵构就给了他一顶同知枢密院事的官帽，希望能哄着他干活。可杜充还嫌官位低，装病不肯出来干活。

最后，赵构只好把吕颐浩升为左相，将杜充递补为右相，让他做了朝中第二号大臣，只盼着这位老兄关键时刻能有所表现。

当上右相后，杜充的"病"果然好了，牛气哄哄地表示，自己要担起守卫建康府的第一重任。

赵构对杜充寄予厚望，杜充也没辜负他的期待，确实干出了一件让人瞠目结舌的"大事"！

战事一开，金军一如既往的猛，寿春、黄州、江州、滁州、和州、庐州等地相继失陷。从十月开拔到十一月中旬，不到两个月，兀术的军队已经渡过长江，来到建康府前。

杜充向来以色厉内荏著称，驻守建康府期间，只知道以滥杀立威，正事一点儿没干。一般来说，这种平日里喜欢装模作样摆威风的领导，真遇到事情，马上会现出草包本色。

果不其然，杜充听说金军渡江，命人仓促迎战，结果输得一塌糊涂。兵败消息传来，他领着亲兵一路跑到了真州（今江苏仪征），躲进了一座寺庙里。

当时，有人劝杜充，虽然打了败仗，但你这么藏着也不是个事儿，干脆还是跑去找赵构会合吧。

杜充一听，没答应。

奇妙的是，杜充还总能成为香饽饽，过了几日，兀术竟然派人给杜充送来了一封信，意思只有一个——劝降。

女真人讲话很直接，兀术告诉杜充：只要你投降，就把中原一带交给你，让你和张邦昌享受同等待遇！

杜充一听，条件不错，成交！

杜充屁颠屁颠地向金军投诚了，顺便还带走了六万左右的宋朝军队，如此一来，赵构寄予厚望的长江防线瞬间成了一条纸糊防线。

收到杜充投降的消息，赵构惊掉了下巴，他觉得自己待杜充不薄，把他从一个不起眼的小官，一路提拔成宰相，如今这个软蛋居然想学张邦昌！这不是明摆着和我抢生意吗？

建康府丢了，杜充降了，长江防线垮了，赵构连哭天抹泪的时间都没有，他必须考虑自己接下来往哪里跑。

此时的赵构，已经从临安府紧急转移到了越州（今浙江绍兴），可是，越州也不是长久之地啊！

奇幻漂流

面对呈几何级数上升的危险形势，南宋小朝廷炸锅了。

　　现在怎么办？前途在哪里？一时间，君臣上下，惶惶不可终日。最后，还是宰相吕颐浩憋出了一个主意。

　　吕颐浩替赵构分析："金人以骑兵见长，这次必定会派轻装精骑追赶，我们那么多人，还拖家带口，如果继续走陆路，山高路险，粮草都没办法供给，途中恐怕很容易发生变故。不如乘船跑到海上避敌，只要我们到了海上，敌人的骑兵就奈何不了我们。江浙地区气候湿热，金军肯定没办法久留，等他们撤走了，我们再收复失地。正所谓，敌进我退，敌退我进，也算兵家的奇谋了。"

　　让皇帝玩一趟海上漂流，也亏吕颐浩想得出。

　　话说回来，那也是没办法的办法，就这么着吧。

　　十二月初，赵构的小朝廷从越州搬到了明州（今浙江宁波），准备从这个港口城市漂到海上避敌。

　　可就在这个节骨眼儿上，又出了一件让赵构肝颤的事情。

　　这次海上避敌，是一次大规模的组团漂流活动，负责保护圣驾安全的禁军侍卫必定要跟着去，而这些贴身侍卫，许多人又是带着家眷一起逃到南方的。

　　如此一来，麻烦就大了。船少人多，根本不可能满足需求！

　　最后，吕颐浩想出了一个分配制，即每个禁军侍卫只准带两个家眷。命令一出，侍卫们都不乐意了。

　　大家都有父母、妻儿，带谁不带谁呢？

　　于是，有几个胆大的侍卫提着刀就去找吕颐浩理论。

　　吕颐浩以作风刚硬闻名，眼见有人聚众闹事，顿时火了，大骂那些侍卫："平时看你们操练射箭，能够连续两次射中靶心的人都没有几个，现在还好意思和我讨价还价？让我怎么指望你们为国死战？"

侍卫们见吕颐浩不但不考虑他们的请求，还讽刺挖苦他们，操起家伙想砍人。幸亏吕颐浩身边的人机灵，将他一把拉走，着急忙慌地跑去向赵构报告。

赵构听说侍卫哗变，立刻下诏好言安慰，表示一定认真考虑他们的诉求，请他们少安毋躁。

侍卫们见皇上表态了，暂时安静下来。

事实上，经历过苗刘之变后，赵构的心机手段早已变得老辣许多，这回，他决定断然采取行动，绝不重蹈苗刘之变的覆辙。

第二天，当闹事的侍卫照常上班之时，吕颐浩带着大队御营中军将士闯入了行宫，突然对他们发起了攻击。与此同时，从宫中后苑中，五百中军卫士接应杀出。人们惊奇地发现，此时，就连皇帝赵构也披戴上了铠甲，一脸严肃地居中指挥。

很多禁军侍卫还在错愕之中，就被解除了武装，个别动作快的想翻墙跑路，也被几箭射落下来。

禁军士卒从没想到赵构会有如此霹雳手段，纷纷束手缴械。

之后，赵构下令：将带头闹事的十七个侍卫押赴明州闹市，当众问斩！其他禁军侍卫就地解散，分派各军！宫中宿卫则由御营中军直接负责。

摆平哗变事件后，赵构与臣僚们迅速上船，东渡出海，一路漂到了昌国县（今浙江舟山）。

从古到今，皇帝落魄逃亡的不乏其人，但逃到海上漂了数月的，恐怕也只有他了。

此时，兀术的大军已经占领临安，正往明州杀去。

经过几年洗礼，赵构的逃生经验已经相当丰富，他准确预判了兀术的行动，还没等兀术攻占明州，就命船队向台州（今浙江台州）方向漂去。

就这样，兀术在岸上追，赵构在海上漂，建炎三年的冬天，金宋双方展开了一场别开生面的隔空追击战。

建炎四年（1130）正月初一，赵构登基后的第三个新年。

这一天，赵构在海上度过了一生中最难忘的一个新年。

那日，海风很大，赵构的船队没办法靠岸，只能在海中随风游荡。岸上是凶神恶煞的金兵，脚下的船随时可能被海浪吞没，经过几天的颠沛流离，船上的食物也吃光了，君臣只能躲在船上喝冷风，过着难民般的生活。

好在两天后，风小了点，船队终于在台州靠岸。

赵构顾不得九五之尊的身份，刚靠岸就领着大伙儿步行上岸找吃的，一行人也不知道哪里有吃的，灰头土脸地闯进了一座寺庙。这可把寺院里的和尚吓坏了，他们怎会料到，庙里会突然冒出一个皇上来，还是一个从海上漂过来的难民皇上！

赵构等人讨吃的，和尚们一时半会儿也没什么准备，只能从厨房里找出五个剩下的炊饼，然后又到园子里摘了一些自家种的蔬菜，简单放上一点盐巴，进献上去。

赵构此时如饿鬼投胎，哪儿顾得上这么多，一口气吃了三个半炊饼，方才缓过劲来。

好在不久当地官员听说皇上驾到，赶运来了大批钱粮，这个可怜的流浪团队才总算喘过气来。

饭是吃饱了，可赵构现在是属鱼的，根本不敢在陆地上久待。他很快又打着饱嗝搬到了船上，继续他的奇幻漂流。

值得一提的是，在痛苦漫长的漂流生活中，赵构君臣也曾苦中作乐，干过一些颇有浪漫情调的事情。

大约是接近元宵时节，漂荡在海上的赵构船队忽然发现，附近海面上有两艘海船，径直朝他们开来。这可把赵构紧张了一阵，因为他听说兀术正在学习宋朝造船之法，准备组织一支船队到海上来扫荡。

好在两只船一靠近，赵构才发现这是虚惊一场，过来的船只只是两艘商船，船上装满了准备出售的柑子。赵构不知哪来的机灵劲儿，命人将两船柑子全部买下，分给大家一起食用，吃完还不算，还要求大家把剥下的柑子皮完整保留下来。

到了元宵之夜，赵构命人在柑子皮里注入灯油，制作成柑子灯，点燃后统统放到了海上。

霎时间，静谧空阔的海面上，现出万点荧荧火光，它们连珠成串，随着微波浮动明灭，呈现了一道独特的风景（数万点火珠，荧荧出没沧溟间）。

岸上的百姓看到了这番景象，也纷纷来凑热闹，争相爬到高处一睹为快。

要说这情调，也只有宋朝君臣才想得出来。

记得我上小学的时候，有一篇课文就叫《小橘灯》，在这篇冰心创作的散文里，发着微弱光芒的小橘灯便是希望的象征。读史读到此处，让人都不好意思批评赵构了。

如果这是文学作品，我真恨不得让赵构来一个圣君附体，上岸后励精图治，大杀四方，一直把金军赶到北冰洋，给海面上的万盏柑子灯来一个完美结局。

然而，回过神来，历史终究还是历史。

他还在海上漂荡，金军还在岸上追击。

赵构的船队在台州海面漂了半个月，当他们听说金军再次进犯明州，赶紧再次扬帆起航，一路开向温州（今浙江温州）。

赵构一直不上岸，兀术还真拿他没办法。于是，在占领明州后，兀术命人大肆掳掠商船，拼凑起自己的水军，发动海上追击。也亏得赵构运气好，金军的船队到达昌国县后，被海风吹了个七荤八素，接着又遇到了宋朝的水军，船队很快被打成散装状态。

仗打到这个份儿上，金军的攻势也显出了疲态，毕竟战线越拉越长，粮草供给、部队休整都成了大问题。

兀术眼看捉住赵构无望，决定见好就收。当然，金人每次南侵，都不会空手而归。撤兵之前，金军在所占地区又开始了野蛮的烧杀洗劫。

临安府、明州、平江府（今江苏苏州）、秀州（今浙江嘉兴）、常州（今江苏常州）……这些昔日的江南繁华地，在金军过后，十室九空，人口锐减，一片凄惨破败景象。

建炎四年三月，赵构得知金军已经北撤，遂从温州乘船北上。就在这趟回程路上，赵构所乘的海船还遇到了一场搁浅事故，差点让他葬身鱼腹。

四月，赵构一行回到残破不堪的明州，结束了长达五个月的海上漂流生活。回明州后不久，赵构又把行宫重新搬到了越州。

至此，他的海上奇幻漂流终于画上句号。

八月，孟太后等后宫人员也被迎了回来。第二年，这位饱经磨难的女人在越州病故，宋廷为其定谥"昭慈圣献皇后"。

两次被废、两次复位、两次垂帘听政，孟太后生性安稳，不喜欢惹事，却阴差阳错，成了那段神奇岁月中的神奇女子。

第六章 中兴大将

黄天荡

兀术来的时候是轻装精骑，走的时候却是大包小包，招摇过市，活像一个大型搬家公司。在骄横的兀术眼里，南宋军队都是一些不堪一击的家伙，再嚣张，也没人能把他怎么样。

不过，这回他真的想错了，有一个宋朝将领一直在暗处盯着他的一举一动，打算在他最松懈的时候，给予致命一击！

韩世忠自苗刘之乱平定后，地位得到显著提升，赵构亲笔写下"忠勇"二字赐给他，并加授其为检校少保、武胜昭庆军节度使。

金军渡江南下后，韩世忠自知正面抗衡不是金人的对手，便率军从镇江撤离，退守到江阴（今江苏江阴）、华亭（今上海市松江区）一带。在那里，韩世忠也没闲着，埋头就干了一件事——造船。

　　趁着金人在江南肆虐，韩世忠派人抓紧打造了一百余艘大型海船，专等兀术北撤时送他一个意外"惊喜"。

　　建炎四年三月，韩世忠得知兀术将在镇江渡江北归，于是率领所部的八千人抢先赶到，在焦山寺（在今江苏镇江市东郊）驻兵布防。

　　兀术听说自己的退路被韩世忠截断，一点儿都不慌，还傲慢地派出使者去找韩世忠约架。

　　收到兀术的约架请求，韩世忠不假思索地应承下来。

　　开战前，韩世忠带人跑了一趟附近的龙王庙。韩世忠逛庙宇，当然不是为了烧香拜佛，祈祷自己打胜仗，他打算在这里导演一场瓮中捉鳖的好戏。

　　原来，龙王庙位于一处高地上，站在庙前俯瞰，沿江情势一目了然。韩世忠告诉诸将，金人既然要开战，必定会先观察地形和宋军虚实，龙王庙的位置最适合前期侦察，咱们不如就地打个埋伏，说不定能收获奇效。

　　众将听了韩世忠的主意，意识到这可是一个立下盖世奇功的机会，个个开心得直搓手。

　　说完，韩世忠点起两百精兵，命一百人埋伏在庙里，另一百人埋伏于庙下岸边，并郑重告诫诸将："一旦金人来到龙王庙，由岸边的伏兵先行杀出，金人见伏兵必定向庙里奔逃，到时庙里的伏兵再跟进杀出，内外夹击，定可获胜！"

　　不出韩世忠所料，就在约定开战的前一天晚上，还真的有五名金人骑马来到龙王庙前，从穿戴上看，来者还不是金军中的一般人物。

眼看大鱼上钩，埋伏的宋军既紧张又兴奋，可这一兴奋，让原本拟订的计划出了意外。

庙里的伏兵立功心切，把韩世忠的嘱咐忘到了脑后，还没听到鼓声就一拥而上，冲了出来！金人意识到自己中了埋伏，连忙上马逃命。

直到这时，岸边的伏兵才回过神来，也冲出来堵截，只可惜，行动还是慢了半拍。结果，宋军的这次埋伏，只活捉了两名金人，其余三个金人侥幸躲过一劫。

在追击过程中，有一个身穿红袍、腰系玉带的金军将领，还因为跑得太急从马背上摔了下来，不过，那人身手敏捷，立刻翻身上马，一路狂奔而去。

事后，韩世忠亲自审问抓获的金军俘虏，得知那个穿红袍的金人竟然就是兀术本人，遗憾得直拍大腿。

金兀术，这次让你侥幸溜了，下回绝不便宜你！

三月十五日，宋金两军约架的日期到了。兀术到江南后，搜刮到了许多战船，自认为有备而来，一点儿都不把韩世忠当回事。

这里，我们还要补充说明一下金军的组成情况。我们知道，女真族虽然全民皆兵，但人口体量毕竟无法和宋朝相提并论，必须扩大兵源，才能应付战争。所以，金国的军队往往成分复杂，除了女真人，还有大量投降或强行征调的契丹人、渤海人、汉人以及其他少数民族部众。因此，尽管女真人确实玩不转水战，但并不代表金国军队对水战一窍不通。这也是兀术有信心战胜韩世忠的原因之一。

反观韩世忠这边，虽然人数上不占优势，但他努力扬长避短，特制了体积更大的海船，而且又是以逸待劳，故而也是信心十足。

为了打赢这场遭遇战，韩世忠这边夫妻齐上阵。韩世忠作为主帅亲自驾海船迎敌，夫人梁红玉则在船上擂鼓助威。

两军一交战，兀术才发现，乖乖，自己似乎有点自信过头了。

他的船队中多是用于内河河道运输的小木船，全靠人力划桨运行，费时费力。而韩世忠的大海船体形庞大，靠船帆来运行，无论是体形还是速度都对金国船只呈碾压级优势。别说交战了，宋军光靠撞，也能把他撞到江里去喂王八。

于是，在宽阔的江面上，宋军难得地享受了一回痛殴金军的快感，他们熟练地驾驶着海船，像小鸡啄米似的追着金军一通猛射，只把金人揍得落荒而逃。

双方在江中斗战十余个回合，金军以完败告终，被杀被俘了一堆人不说，就连兀术的女婿，也成了韩世忠的俘虏。

兀术见自己水战不是韩世忠的对手，也不想继续缠斗，提出把截获的物资全部送给韩世忠，只求放他们过江。

开什么玩笑，这些财物本来就是宋朝的，想得美！韩世忠果断拒绝了兀术的请求。

兀术终于意识到，眼前这支宋军非同寻常，他们既不同于那些看见金军旗帜就四散逃命的胆小鬼，也不是贪财忘义的匪军，而是一个要置自己于死地的可怕对手。

既然打不过，那就溜吧，反正长江又不是只有一个渡口，于是，兀术开始带着船队沿长江南岸溯流西上。

既然你想溜，那就追吧，反正今天吃定你了！韩世忠带着船队沿长江北岸疾追。

就这样，两支船队在江上玩起了赛船运动。

当然，比速度，还是韩世忠占优势。兀术每次走到船头眺望，都能郁闷地看到对面宋朝水师高高耸立的船帆。

兀术的船队像无头苍蝇一样一路西逃，韩世忠在后面紧追不舍，一逃一追间，兀术慌不择路，一头扎进了"死胡同"——黄天荡！

黄天荡是长江支汊处的一个湖荡，位于建康府东北七十余里处。当时，那里是一条死水港，兀术钻进黄天荡后，韩世忠立刻派海船封死了唯一的入江水道。

水道被封后，兀术命人冒死突围，但韩世忠对此早有准备。他命人打造了带有大钩的铁锁链，只要金军冒出一只船来，就用铁索钩住，直接拖沉，出来一艘，拖沉一艘，出来两艘，拖沉一双。

这里很多人或许会有一个疑问，韩世忠为什么不趁机进去把兀术给灭了呢？其实，这也怪不得韩世忠，因为他的海船吃水比较深，根本没办法靠近沿江浅滩，所以只能像猫捉老鼠一般，乖乖在洞口守着。

兀术眼见自己要被困死黄天荡，第一次低下了高傲的头颅，主动派人向韩世忠求和。韩世忠的回答依然很干脆："除非你把我们的两位皇帝和土地全数归还，否则没得商量。"

这样的条件，兀术自然不可能答应，也没权力答应，和谈告吹。

兀术出不来，可韩世忠的海船也进不去。

于是，双方一个在荡内，一个在荡外，对峙了二十多天。

如果就这样对峙下去，胜算还是在韩世忠这边。兀术窝在里面，没有物资补给，断然经不起如此消耗。

正当兀术走投无路的时候，一个"宋奸"的出现改变了战事走向。

兀术不知从哪里找到了一个当地汉人，这位汉人为他支了一招：黄天荡本有一条老鹳河故道可通江口，只要凿通这条河道，就可逃出生天。

兀术听后，如获至宝，命人疯狂赶工，一夜之间就凿通河道三十余里。

到了四月十二日，兀术终于溜出黄天荡。

兀术一溜，韩世忠气得差点呕血，两次有机会逮住兀术，但每次就差了那么一点点！真见了鬼了。

当然，韩世忠更恨那个给兀术出主意的"宋奸"，要不是他坏事，这煮熟的鸭子也飞不了。

只是他怎么都没想到，接下来，马上还要冒出另一个"宋奸"，让他的努力彻底化为泡影。

兀术度过了最危险的时刻，可韩世忠的船队还在屁股后面疾追。自从尝到了"宋奸"的甜头后，兀术决定再试一次，提出要悬赏破敌。

都说重赏之下必有勇夫，其实，重赏之下必出汉奸也是一条铁律。

兀术悬赏没多久，一个姓王的汉人主动凑了上来。他建议兀术在战船上装土，再在土上铺以木板，并在船舷处凿洞安置木桨，等到江面无风的时候再主动出击，同时在船上配上火箭，一旦宋军的海船靠近，就用火箭专射海船船帆，如此一来，必可取胜！

"宋奸"的计策确实奸猾。填土可以增加金军小船的稳定性，铺木板可防止铁钩钩船，凿洞设桨则能提高船的航速。选择无风时起航，再加上火烧宋军船帆，自然可以最大限度遏制宋军的海船优势。

兀术一听，拍案叫绝，立刻悉数予以采纳。

四月二十五日晨，晴空无风，完成改装的金军引船出战。韩世忠的大船果然因为无风而行动迟缓，在金军的火箭猛攻下，许多海船起火燃烧，船队顿时乱成一片。趁着宋军的混乱，金军发动了全面反攻。

这回，韩世忠损兵折将，吃了个大败仗，只能饮恨退兵镇江，兀术也得以渡江北归。

黄天荡一战，韩世忠虽以失利告终，但毕竟以区区八千兵力截击了金军头号主力，而且几次差点要了兀术的老命，对常年被动挨打的宋军来说，已经极为难得。

此战过后，江淮地区到处宣扬着韩世忠的光辉事迹，一时间，他成了朝野推崇的中兴名将！

逆境生存

在南宋历史上，有一个"中兴四大将"的说法。

所谓"中兴四大将"，是指南宋初年，在抵御金国入侵过程中立下功勋的四位名将：刘光世、张俊、韩世忠、岳飞。

关于刘光世，人们对他的评价比较一致——水货。这回兀术南侵，刘光世奉命屯驻江州，却在金军渡江的时候，不放一箭一矢，弃城跑路，表现一如既往的差劲。

四人中，名声最差的要数张俊，毕竟他是让人铸成铁像跪在岳庙里的人物。赵构南逃的时候，张俊领军断后，曾在明州打败了金军的一支偏师，后来兀术率领主力一到，他也就闷头跑路了。

韩世忠经过黄天荡一役，成为宋军中的明星人物，在后人的心目中，他是仅次于岳飞的抗金英雄。

刘光世、张俊、韩世忠三人，都出自赵构在相州建立大元帅府后的班底，经历了建炎年间的一通波折后，三人逐渐成为赵构最为倚重的武将。

相比于上面三个，岳飞当时的地位则要低得多。

岳飞虽也是大元帅府军队的一员，但刘光世等人原本就是高阶武官，是带着人马过去的，而岳飞则只是一个投军的普通战士。

这就好比赵构注册成立了一个新公司，刘光世等人觉得潜力不错，纷纷入股投资，成了公司的股东，而岳飞则是刚加入公司的一名员工，别说持股了，连董事长的面都没见过，两者不可同日而语。

前面说到，岳飞通过一番辛勤打拼，好不容易从一线员工成长为一名中层军官。可没想到，建炎三年的兀术南侵，差点又把他打回原形。

杜充决定放弃开封的时候，岳飞作为留守司的一名将官，也曾苦口婆心地劝他坚守，但当时的岳飞人微言轻，没起作用，最后只能跟着这个平庸的上司一路南撤。

待杜充投降金国后，他带过来的军队也随之瓦解，将士们的出路无非三条：第一，跟着杜充当"宋奸"；第二，自谋职业，转行当土匪；第三，继续对抗金军，想办法寻找赵构的流亡朝廷。

实践证明，在乱世之中，生存才是普通人的第一诉求，君臣节义之类的教条根本一文不值，杜充的部将大多选择了前两项，能够坚持理想和信念的，只是极少数。

岳飞就是这极少数人之一。

在继续岳飞的故事前，我们还得了解一下岳飞的现状。

在东京留守司效力的时候，岳飞凭着战功，官职不断提升，在杜充南迁前，他已经升任武德大夫、英州刺史。

这里的武德大夫，只代表一个寄禄官官阶，属于正七品官衔。读到这里很多人可能会纳闷，岳飞砍人砍了这么久，一会儿变什么郎，一会儿变什么大夫，怎么绕来绕去，还只是一个正七品？没办法，宋代的官阶就是这么复杂，以南宋的武官官阶而言，一共就有六十个等级，光正七品的武官，就有武义大夫、武经大夫、武略大夫等八个名号，分别代表武官十五至二十二等。岳飞能从一个白身小卒，短短几年达到正七品武官，已经很了不起了。

至于英州刺史的头衔，又源于宋朝一项叫作"遥郡官"的奇葩制度。所谓遥郡官，就是给你一个地方官的名号，允许你享受一定的待遇，但你又不能到那里去工作。比如英州刺史，宋朝的英州，位于现在广东境内，岳飞自然不可能真跑到那里去打工。

那岳飞在军中真正是干什么的呢？当时，他是东京留守司的一名统制官。

宋朝军事体制和它的官制一样，繁冗复杂，不看则已，一看则让人头皮发麻，咱们依旧长话短说。宋朝初年的时候，军队编制大致分厢、军、指挥、都四级，类似于现在的师、团、营、连，几经演变，到了赵构这会儿，成了军、将、部、队四级。

统制官是"军"一级的指挥官，正官叫统制，副官叫副统制。杜充跑到南方后曾出任江淮宣抚使，当时的岳飞则是江淮宣抚司的右军统制。

当时，江淮宣抚司拥有十余万的兵力，有十多个统制官。如此看来，岳飞可算是南宋江淮军区的一名师级军官，掌握着几千人的部队。不过，话说回来，这只是理想化的推理。当时宋朝的军队编制十分混乱，军队不满编的情况十分普遍，再加上逃兵等因素，所以，岳飞实际掌控的人数已经很难搞清楚。

杜充投降后，岳飞所部沦为一支无人指挥的孤军。他不肯向金人屈膝投降，暂时又无力和金军正面对抗，便率领本部边打边撤，辗转来到茅山（今江苏句容市东南）、广德军（今安徽广德）等地。

一路上，岳飞的军队面临着前所未有的困境，较之金军的威胁，士气的低落更让他忧心不已。

眼看着金军势如卷席，很多将士失去了抵抗的决心，擅自脱队的不在少数，有个别胆子肥的，甚至跑来劝说岳飞：如今大势已去，你小子也别硬撑了，干脆和我们一起去投降金人算了。

面对大厦将倾之势，岳飞没有丝毫畏缩，在广德军，他召集剩余将士进行了一场慷慨激昂的演讲，激励将士继续跟着他抗击金军。演讲完毕，岳飞刺血立誓：

"今日之事，有死无二，辄出此门者，斩！"

岳飞态度决绝，义正词严，说得将士们无不感佩流涕，纷纷表示愿意接着跟他干。

军心虽暂时稳定下来了，岳飞却不能掉以轻心，眼前，他还要解决一个最现实的困难——军粮告罄。

作为一支孤军，岳飞早就失去了军粮补给渠道。这么多人，每天都要张口吃饭，军粮问题不解决，军队早晚还是要溃散。事实上，当时岳飞的军中也出现了士卒抢掠百姓的情况，如果放任这样的情况继续发生，那和落草为寇又有什么区别？

为了寻找军粮补给，岳飞派人四处打探消息。撑到建炎四年初，他终于收到了一个好消息，宜兴（今江苏宜兴）知县听说岳飞的威名，邀请他率军保护县境，声称境内有足够的粮食供养军队。

宜兴县东临太湖，北通常州，那里是江南著名的产粮区，同时又有着通往建康府和临安府的大道，是再理想不过的屯军之地。

事不宜迟，建炎四年二月，岳飞率兵进驻宜兴。

脱离杜充成为一股独立的力量，倒也不完全是件坏事，从此，岳飞开始按照自己的意志来整军备战。

在宜兴县，人们见到了一支与众不同的军队，他们军纪严明，斗志旺盛，对民众秋毫无犯，成为乱世中的一股清流。随着岳飞的威名远播，前来投附的兵卒越来越多，甚至不少中原地区的汉人也慕名而来。

终于，在降官遍地、人心涣散的逆境里，岳飞以必胜的信念和顽强的毅力，克服重重困难，不断发展壮大了自己的队伍。

后来，人们称这支抗金劲旅为"岳家军"。

收复建康

在宜兴待了两个月后，岳飞的军力得到恢复，更可喜的是，他又和朝廷取得了联系。

建炎四年四月，岳飞接到了一项重要任务——收复建康。

四月，击败韩世忠的兀术转道从建康府渡江北归。作为最具野心的金军将领，兀术并不甘心就此罢手，在北撤前，他命人在建康附近的钟山、雨花台构筑大型军寨，并围绕城池开凿了两道护城河，做好了长期据守建康府的准备。更可气的是，兀术还派人在山上挖起了山洞，美其名曰"凉洞"，以供金兵避暑之用。

种种迹象表明，兀术仍计划着卷土重来，而建康府将成为他再次发动进攻的前哨。

显然，不夺回建康府，赵构迟早还要到海里再玩几次漂流。为此，他任命张俊为御前右军都统制、浙西江东制置使，全权负责收复建康事宜，除了刘光世、韩世忠所部外，所有军队均受张俊节制。

从此，岳飞的军队归属到张俊麾下，岳飞也由原江淮宣抚司统制官变成了御营司统制官。

张俊的浙西江东制置使其实只是个临时差遣，名下杂七杂八的军队也属临时拼凑，他恐怕连面都没见过，真要调动军队去收复建康，还是要靠大家自觉。

当然，张俊带着本部军马去也不是不可以，问题是他自己也没这个积极性。

谁都不愿干的事情，还是我岳飞来干吧。

四月下旬，岳飞刚听说兀术击败韩世忠，便率军向建康城奔去，驻军于城南的牛头山上。

自从有了岳飞的"陪伴"后，金军再也没过上太平日子，想搬运一些劫掠的物资，岳飞总会在路上对他们致以亲切"问候"；想睡个安生觉，岳飞总会派人"体贴"地用刀剑把他们叫醒。从四月底到五月初，岳飞同金军交战十几次，每次均有所斩获。

到了五月中旬，在岳飞的不间断骚扰下，金军竟然主动撤兵了！

岳飞顺利收复建康，前后用时不过半个月！

金军这回怎么心理如此脆弱，仗都没打就走人了呢？

事情说起来有点复杂。首先，兀术对于建康府的态度也很矛盾，毕竟这里离大后方太远，不适合久驻重兵，只能抱着侥幸心理留下少量军队，赌宋军全是胆小鬼。没承想，这回碰到了一个不信邪的岳飞。

再一个原因是，此时的兀术接到了另一项重要任务，他必须抓紧率兵北归，投入到一个新战场。

客观地说，岳飞拿下建康府，确实是捡了一个大便宜。

由此可见，很多时候，运气也是要靠勇气博来的。当时，长江沿岸的宋军也不少。你行？你怎么不敢过来呢？

五月下旬，岳飞收复建康的消息连同他抓获的金军俘虏，被一起送到了越州，这让长期笼罩在失利阴影中的小朝廷好生高兴了一阵。

那段时间里，赞誉岳飞的声音开始在赵构耳边频繁响起，岳飞从此进入了最高统治者的视野。

三个月后，朝廷宣布了对岳飞的新任命——武功大夫、忠州防御使、通泰镇抚使兼知泰州。

武功大夫、忠州防御使依然是代表官阶的虚衔，通泰镇抚使兼知泰州则是实职差遣。照此任命，岳飞将统辖通州（今江苏南通）和泰州（今江苏泰州）地区的防务，正式成为执掌一方的大将。

然而，当岳飞接到这个任命后，他不但没有感到一丝兴奋，反而觉得是对自己的莫大侮辱，为此深感不满。

原来，"镇抚使"并不是宋朝正规的武将职位，而是专门用来招抚游寇头目的新设官职。

要讲明白这件事情，还是要从当时南宋所面临的处境说起。自靖康之难后，大宋朝廷的政治向心力已经消失殆尽，全国各地一直处于混乱割据状态。赵构虽然名义上继承了宋朝皇统，可很多人其实并不重视他，频繁发生的兵变也证明，小朝廷在很多人的心目中，不怎么值钱。

有人替南宋朝廷做过总结，它当时所面临的困难主要有三个：一是金人，二是土贼，三是游寇。

第一类金人自不必说。

第二类土贼，通俗说法就是盗匪，他们主要由一些无家可归的难民组成，所干的事情很复杂，有啸聚山林、打家劫舍的；有团结自保、抗击金兵的；也有好事坏事全占的；个别队伍庞大的，已经成了盘踞一方的独立政权。

第三类游寇，又称军贼，这些人本是朝廷的军队，被金军打散后，成了到处流窜的兵匪。他们人数不等，多则几万人，少则千把人，各自割据称雄、互相征伐，颇有点乱世诸侯的样子。朝廷因为自顾不暇，也没精力去剿灭他们。

为了对付日益猖獗的土贼和游寇，有人向赵构建议，既然朝廷现在无力收拾他们，不如给他们封一个名号，暂时承认那些人割据称雄的事实，命令他们守土御金，以便控制利用。

赠送给这帮人的头衔，就叫"镇抚使"。

岳飞自以为一心效忠朝廷，没想到到头来，在赵构等人的眼中，自己竟然和那些占山为王的兵匪没什么区别！

就在越州献俘后不久，岳飞还率兵击败了一股流窜在两浙地区的游寇。极具讽刺意味的是，这股游寇的首领，原先也是杜充的部将。换句话说，这位岳飞的前同事，如果不被岳飞击败，是不是也能封个"镇抚使"当当？

尽管朝廷一再表明，岳飞和那些乌合之众有所区别，属于"朝廷大臣出使所除"，即为朝廷的直属军队。可是，性格刚烈的岳飞还是无法忍受这个极具侮辱性的任命。

岳飞向来想啥说啥，他洋洋洒洒地上书申述，提了一大堆要求：

坚决不愿接受通泰镇抚使一职（免充通泰州镇抚使）；

请求朝廷派他到淮南东路招兵买马，筹划收复两淮失地（止除一淮南东路重难任使，令飞招集兵马，掩杀金贼，收复本路州郡）；

希望将来能率军挺进中原，收复山东、河北及至开封故土（伺便迤逦收复山东、河北、河东、京畿等路故地）；

希望自己的报国之志，得以伸张（庶使飞平生之志，得以少快，且以尽臣子报君之节）。

别人都巴不得远离战区，他却主动要到前线去抗敌，从申状看，岳飞确实是一腔热血要报国杀敌。如果处理这份申状的人是李纲、宗泽，这事也就好办了，可到了赵构那里，产生什么样的想法就不好说了。

朝廷给你配发的官帽，你居然说不要？是不是太不拿皇上当回事了？

一个小小的防御使，竟然吵着要去收复全部失地，这不是在寒碜张俊、刘光世等人吗？

什么平生之志、报君之节，敢情朝廷上下，只剩你一个忠臣良将了？

以岳飞的性格，自然不会觉得自己说错了什么，但刚刚经历了苗刘之变、明州哗变的赵构，对武将不可能没有猜忌之心。

最不该的是，岳飞在自己的申状里还提了这么一句话——乞将飞母、妻并二子为质。

也就是说，岳飞主动提出愿以母亲、妻子、儿子为人质，只求朝廷能让自己放手杀敌！

岳飞满心以为，自己这样披肝沥胆，力表忠心，可以换来朝廷对自己的信任。

其实，他的想法大错特错。

朝廷怀疑武将不假，但那都是看破不说破的事情。几千年人情社会，大到一个系统，小至一个单位，谁不会一点表面功夫？在官场上混，甭管背地里是不是每天都在问候对方的祖宗，但场面都是一团和气，谁也不会轻易把窗户纸捅破。

岳飞倒好，别说窗户纸了，一上来直接把窗户都给踹飞了，你让朝廷怎么给你回话？

果然，朝廷表示，不同意岳飞的辞免请求。

岳飞本想继续坚持自己的意见，可他还来不及申述，又接到了一个救援楚州（今江苏淮安）的新任务。军情不等人，纵然心有不满，也得打完仗再说，于是，岳飞领军奔着楚州去了。

楚州是控扼运河的重要城市，兀朮想把劫掠的财物通过水路运回北方，必须打通楚州。此前，金国东路军挞懒曾率兵大举进攻，没想到宋朝楚州守将赵哲偏偏是个硬汉，挞懒攻了好久，愣是没打下来。

从八月起，挞懒和兀朮开始从南北两个方向疯狂围攻楚州。楚州告急，朝廷急召附近的将领前去支援，大家的反应很一致：我很忙很弱，有事您找别人吧。

结果，只剩下岳飞领着不到一万人的部队，孤军北上驰援，然而，还没等他赶到楚州，城池已告陷落，岳飞空跑一场。

救援楚州，只是岳飞军事生涯里的一段小插曲，小到可以忽略不计。然而，就在金军围攻楚州期间，发生了一件影响此后整个历史走向的大事。

一名被劫掠到北方的宋朝官员，借机脱身回到了南方。

这名归来的官员，便是岳飞一生中最险恶的敌人——秦桧。

第七章　群魔乱舞

大变局

秦桧是大家耳熟能详的人物，如果票选历史奸臣榜，妥妥进前三。他怎么在这个节骨眼儿上蹦出来了呢？

在讲述他的来龙去脉前，我们必须扯远点，从金国说起。

历史告诉我们，凡是有人的地方，就会有利益分配，只要有利益分配，就会有权力斗争，哪怕是刚从刀耕火种年代里爬出来的女真人，同样不能免俗。

如果说阿骨打刚起兵的时候，女真人还有点同仇敌忾的意思，那么，伴随着地盘的扩张和财富的增加，他们内部的权力斗争日趋激烈，形成了错综复杂的派系。

在此之前，我们已经认识了不少金国将帅，可他们的名字太拗口，经常会让大家分不清谁是谁。为了说清楚下面的问题，咱们再费点时间，重新捋一捋。

金朝最有权势的人物大致可分为三拨。

第一拨是完颜阿骨打(完颜旻)的儿子，主要有：长子斡本(完颜宗幹)、二子斡离不(完颜宗望)、三子讹里朵(完颜宗辅)和四子兀术(完颜宗弼)。

第二拨是完颜阿骨打的兄弟，主要有：四弟吴乞买(完颜晟)、五弟斜也(完颜杲)。

第三拨是其他完颜部军事贵族：粘罕(完颜宗翰)、斡里衍(完颜娄室)、挞懒(完颜昌)。

以上几位，大多数人已经亮过相，唯一没亮相的是阿骨打的五弟斜也以及长子斡本。

没亮相不代表没地位，恰恰相反，两人正处于金国权力核心。

在确定皇位继承人时，女真人最初的做法是兄终弟及。因此，阿骨打走后，继任帝位的不是长子斡本，而是弟弟吴乞买。现在吴乞买当政，弟弟斜也就成了金国的谙班勃极烈(皇储)。

所以，从理论上说，斜也是仅次于吴乞买的金国二号人物。

斡本作为阿骨打的长子，担任着金国的忽鲁勃极烈，他和斜也一起辅佐吴乞买处理国政，属于金国第三号人物。

除了位于金国最高层的吴乞买、斜也、斡本，金国还有一个极具权势的机构——都元帅府。

都元帅府是负责杀伐征战的机构，元帅府里最有权势的职位有三个，分别是：都元帅、左副元帅、右副元帅。

都元帅负责总管元帅府中所有事务，当时都元帅一职由斜也兼任。

左、右副元帅地位仅次于都元帅，但他们并不是都元帅的副手，而是负责两路金军的统帅。比如，靖康之役的时候，粘罕为左副元帅，负责西路金军；斡离不为右副元帅，负责东路金军。

由于前线的形势瞬息万变，为了灵活处置，左右副元帅又分别在燕京和西京设立了枢密院，人称东枢密院和西枢密院。这两个枢密院的权力非常大，甚至可以自行处理外交及战争事务。因此，金国人把"东西枢密院"称为"东朝廷、西朝廷"。

如此一来，都元帅就成了一个徒有虚名的名义统帅，真正的军权都落到了左副元帅和右副元帅手中。

金国从立国开始就是一架高速运转的战争机器，随着战事的不断推进，手握实权的左右副元帅地位越来越高，甚至威胁到了金国的最高层！

更让人头疼的是，左右两位副元帅又存在着激烈的竞争关系。

粘罕是一个个性强硬的女真将领，他所掌控的军事实力又强于斡离不，所以，他的话语权要略大于斡离不。当金军两路合围开封的时候，我们也发现了，粘罕总要压斡离不一头，主导着宋金关系的走向。

斡离不死后，粘罕霸道地将东枢密院并入西枢密院，在人事任免、杀伐征战上更加独断专行。虽然阿骨打的三子讹里朵接任了右副元帅一职，但他资历浅、实力弱，根本无法对粘罕形成威胁。

此时，粘罕的西枢密院俨然成了金国的第二朝廷，金国上下除了皇帝吴乞买，几乎找不到能制约他的人。

到了建炎年间，吴乞买已经不大管事，粘罕的权势达到了巅峰。

从金国攻打南宋的路线也可看出，他们由原先的东西两路，变成了西中东三路进攻。西路是粘罕的老地盘，领军的斡里衍是粘罕提拔的心腹将领，东路的讹里朵空有右副元帅之名，实际上也得接受粘罕指挥。粘罕则独率中路主力，居中指挥，成了不是都元帅的都元帅。

不过，也正是在这个阶段，粘罕的权威开始受到新的挑战。

毕竟年龄不饶人，粘罕再强，也不能一直事必躬亲，到了第三轮进攻的时候，粘罕、讹里朵都不再亲自出马，前方的西中东三路主帅分别换成了斡里衍、兀术和挞懒。

斡里衍、兀术和挞懒都是金国的后起之秀，可三人中，只有斡里衍属于粘罕的嫡系，剩下的兀术和挞懒，都是野心勃勃之辈。

兀术堪称金国的一朵奇葩，作为阿骨打的四子，他此前跟着二哥斡离不混，斡离不死后，跟着三哥讹里朵混，在政治谱系中，他当然属于阿骨打的子嗣一脉。奇怪的是，兀术的个性却又与粘罕类似，好战程度甚至比粘罕还严重，要不然也不会"搜山检海"，直把赵构逼到海上避难。

这位野心勃勃的金国四太子，不甘心像两个哥哥一样，居于粘罕之下，他希望以更激进的军事手段谋取地位，超越粘罕。

相比兀术，挞懒是一个更加复杂的人物。

在杀伐征战方面，他和粘罕、兀术一样嗜血狂热，但若论阴险狡诈，又远胜两人。

第三次南侵的时候，挞懒和兀术一起新手上路，像赛车手一样地拼速度，生怕被对方抢了风头。

当挞懒听说兀术在黄天荡被韩世忠欺负后，嘴上说要去帮忙解围，其实却派人去狠狠嘲讽了一把兀术（遣人诮兀术南征无功）。当两人合力拿下楚州之后，挞懒仍不忘揶揄兀术：干脆和自己一起留在淮东，等到了秋后，再一起去捉赵构。

兀术被挞懒气得直龇牙，幸亏他接到了朝廷的紧急调令，这才体面地撤回北方。

兀术走后，挞懒很高兴，觉得没人和他分蛋糕，更好。于是，他一路率军向南挺进，一连拿下泰州、通州等地，连岳飞这个通泰镇抚使都被他逼回了长江以南。

挞懒接连得胜，一路唱着小曲继续南下，在一个叫缩头湖（今江苏兴化东）的地方，他碰到了一支宋朝水军的阻击。这回，挞懒犯了和兀术一样的毛病，以己之短碰人之长，吃了个大败仗，狼狈地退了回来。

值得一提的是，击败挞懒的宋朝水军，其实并不是一支朝廷正规军，而是充满传奇色彩的梁山泊水军。

是的，正是山东的梁山泊水军。

这支水军的头领叫张荣，他本是山东梁山泊的一个渔民。金军入侵的时候，张荣在梁山泊组织了一支义军，后来梁山泊待不下去了，跑到淮南，依托那里的湖泊继续抗击金军。

挞懒自恃水平高，看不上张荣这伙"蟊贼"，想着能轻松搞定。张荣利用挞懒的骄兵心理，佯装败退，一路把他们引到了缩头湖的临岸浅水处。金军的战船陷进河汊烂泥后无法动弹，张荣趁乱发动反击，取得一场宝贵胜利。

其实，张荣的缩头湖一战意义并不亚于韩世忠的黄天荡之战，只因张荣水军并未进入朝廷正规军序列，他的这次胜仗也就淹没在了浩如烟海的史料中，很少为人提及。

在此，我们特予钩沉，记下这位充满传奇色彩的民间英雄。或许，《水浒传》中那些英勇善战的梁山泊水军，其中也藏着张荣义军的影子，这姑且也算一种特殊的纪念吧。

挞懒虽然撤了，但故事还未结束。就在攻打楚州的过程中，他偷偷放归了一个宋朝官员，此人便是大名鼎鼎的秦桧。

很多熟悉历史的朋友都认为，挞懒放归秦桧是金国的一个大阴谋，目的在于瓦解南宋朝廷的抗金意志。

这种说法，其实只说对了一半。

要知道，放回秦桧，并不是金国统治高层的集体决策，就事件直接触发点而言，它只是挞懒一人的主意而已。

挞懒这么做，仅仅是出于金国的利益吗？

事实上，历史的云谲波诡远远超过我们的想象。挞懒放归秦桧的直接动因，与其说是针对南宋，不如说是针对竞争对手粘罕、兀术。

挞懒之所以选择在这个时间点放归秦桧，只因粘罕采取了一个新策略。

新傀儡

建炎四年七月，金国在中原地区又扶植起了一个傀儡政权——伪齐。

自开封沦陷后，金国占据了淮河以北的大片领土，吃成胖子的金国发现，宋朝的地盘实在太大，而且越来越难消化。

为了稳定统治秩序，金人也想了不少办法，但总是收效甚微。想用严刑峻法镇压民众，结果反抗更强烈了；想强令汉族百姓剃发留辫子，以此削弱其民族意识，结果民族矛盾更加激化。金国的倒行逆施致使中原百姓不是南下求活路，就是结伙当义军。

一开始，金国把账都算到了赵构头上，认为正是因为他的存在，才让中原百姓心存念想，不肯老老实实接受奴役。所以，金国一直想着彻底端掉赵构的南宋小朝廷，但打了几年以后，他们渐渐发现，不但南宋没有被打死，自己反而有点力不从心了。

金军士兵本是靠劫掠为生，刚起兵的时候，他们每获胜利，都能顺走一大批财物，所以打起仗来人人争先。可经过几轮洗劫后，中原的财富已经被抢得差不多了，长途征战渐渐成了吃力不讨好的差事，金兵的工作积极性自然直线下降。

为了继续保持军力，金国强行征发了大量汉人，称之为"签军"。不过，用脚指头想一下都知道，这样的军队哪里会有什么战斗力，很多签军一碰到南宋军队，要么溃逃，要么临阵倒戈。岳飞的军队在扩充过程中，就曾吸收了大量签军。

中原百姓不服管，自己的军队越来越懒散，这是当时金国统治者所面临的困境。

底层的声音不断上传，皇帝吴乞买也坐不住了，他开始考虑调整对宋策略。

在金军发动第三轮南侵前，吴乞买向粘罕透了一个口风：等搞定了赵构，还得再找一个"张邦昌"出来，替咱们管理地盘。

吴乞买的表态，立刻成了金国高层的政治新风向，大家纷纷开始物色新的"张邦昌"。

关于傀儡的人选，候选者倒也不少。

比如之前的杜充，听说兀术答应扶他做皇帝，爽快地举起了白旗。只可惜，兀术当时在金国的话语权还不强，他对杜充的承诺终究成了空头支票。

结果，杜充投降后，只做了个相州知州。再后来，这位老兄被人告发私通宋朝，下了金国大狱。

粘罕非常看不上杜充，甚至想把他给办了，情急之下，杜充蹦出了一句名言："丞相（指粘罕）敢到宋朝去，我可不敢回宋朝。"

一句卖乖的话惹得粘罕哈哈大笑，杜充这才洗脱了私通宋朝的罪名。

另一个傀儡人选叫折可求。

折可求出身西北折氏，在一次作战失败后投降金国。折家是仅次于种家、姚家的西北军功家族，折可求投降前也算宋朝的一员骁将，在宋军中颇有声望。

不过，折可求的武将身份太扎眼，所以，扶持他的提议遭到了很多金国贵族的反对。

最后，金人把目标锁定在了一个叫刘豫的人身上。

刘豫字彦游，定远军阜城（今河北阜城县）人，北宋哲宗元符年间进士。

在宋朝，刘豫曾出任过殿中侍御史、两浙察访使等职位，到了宣和末年，他官任河北提点刑狱。那个时候，北宋已快崩了，河北又属高危地区，在那里就职的官员，人人都想调换岗位，刘豫也一样。

待金朝一发动南侵，刘豫果断弃官跑路，溜到江苏躲了起来。建炎二年，在他人推荐下，南宋朝廷任命刘豫为济南（今山东济南）知府。

可济南还是属于交战区，刘豫当然仍不愿意去赴任。于是，他四处活动，希望能谋求一个江南地区的官职。朝廷知道他内心的小算盘，最终答复：不允许，赶快给我到济南上班！

最后，刘豫不情不愿地来到了济南。

带着这种心情去济南，你当然不能指望他认真抵御金人。那年冬天，金国东路军主帅挞懒攻打济南府时，刘豫没做一丝抵抗，便献城投降。顺便提一下，刘豫为顺利出降，还卑鄙地杀害了一员名叫关胜的济南守将。这位关胜，便是梁山好汉大刀关胜的原型。

刘豫投降后，一头扎进了挞懒的怀里，又是请客送礼，又是马屁狂拍，把挞懒伺候得浑身舒坦。挞懒一高兴，送了刘豫一串长长的头衔：京东东西淮南安抚使，知东平府兼诸路马步军都总管，节制河外诸军。

总而言之，刘豫成了宋朝降官中的佼佼者。

到了建炎四年，刘豫听说金国正物色傀儡人选时，便砸钱向挞懒送上重贿，希望他全力帮助自己赢得这个名（臭名）垂青史的机会。

挞懒很实诚，收钱就办事，表示愿意替刘豫争取。可问题来了，挞懒当时的地位和兀术差不多，说话也不管用。于是，他转头去找了地位更高的粘罕，希望得到粘罕首肯。

最初，粘罕对扶持傀儡一事并不感兴趣，对挞懒的提议不置可否。

这个时候，粘罕身边一个名叫高庆裔的谋士站了出来。

高庆裔是粘罕的心腹，为人极富心计。当他听说挞懒为扶持刘豫积极奔走时，在粘罕耳边递上了一句话："咱们金国起兵，只是想取得河东、河北地区，其他州郡终究要找一个类似'张邦昌'的人治理，你现在不早点向皇上建议，万一被别人抢了先，岂不是白白让别人送了恩情。"

粘罕听了高庆裔的话，顿如醍醐灌顶。

是啊，万一吴乞买同意立刘豫为帝，那刘豫掌控的地盘岂不成了挞懒的势力范围。不行，绝不能让挞懒捞走这个人情！

接着，粘罕的态度来了个一百八十度大转弯，不但打定主意插手扶持刘豫，还抢先运作起来。他按照高庆裔的建议，派人来到刘豫的驻地，假模假样地搞起了民意测验，询问当地军民谁可立为皇帝。

那不是秃子头上的虱子——明摆着吗？

众人立刻会意，纷纷表示：立刘豫，准没错！

粘罕自编自导了一部"百姓拥戴刘豫"的闹剧后，派人上报皇帝吴乞买，建议立刘豫做张邦昌 2.0 版。

吴乞买对谁做傀儡并不关心，爽快给了批文。

于是乎，建炎四年七月，金国下发了一份《立齐国刘豫册文》，正式册封刘豫为"子皇帝"，定国号为"大齐"，将河南、山东等地划归刘豫管辖。

刘豫当上"儿皇帝"后，以大名府为都城，改元"阜昌"，任命一大帮降金的宋臣做了大齐官员，还让儿子刘麟担任提领诸路兵马兼知济南府，掌控了齐国兵权。

刘豫上台后，紧紧抱住粘罕的大粗腿，拼命地送礼巴结，希望能牢牢地傍上粘罕这座大靠山。

整个事件，最郁闷的人当数挞懒，起了个大早，赶了个晚集，结果还两头不落好。

你说，还有比这更憋屈的事情吗？

正是在这种复杂的背景下，挞懒偷偷放出了秦桧这支毒箭。

你们不是喜欢扶持代理人吗？我玩一把更阴的，直接在南宋内部塞一个代理人。

秦 桧

好了，千呼万唤始出来，在交代完前前后后的一堆杂事后，我们的头号反面人物终于出场了。

秦桧，轮到你了，上台吧。

或许很多人不会想到，秦桧刚出场时，并不是一个一肚子坏水的白面奸臣。

相反，刚开始，他的形象非常正面。

秦桧，字会之，元祐五年（1090）出生，江宁（今江苏南京）人。

秦桧出身于一个极其普通的家庭，祖上几代，事迹乏善可陈。有人就文雅地描述他的祖辈，说什么"独善在躬""恬养丘园"，换句大白话，就是些没事可干的闲人。

到了秦桧父亲一代，家里总算出了一个当官的，他的父亲秦敏学考中进士，走上仕途，但也止于一个知县而已。秦敏学有过两个妻子，四个儿子，秦桧排行第三。秦敏学在第四个儿子出生后不久就去世了，死后也没留下什么家产。因此，早年的秦桧一直在清贫中度日。

由于家庭生计艰难，母亲带着年幼的秦桧去投靠了安徽的舅父。据说，秦桧的舅父和汪伯彦私交不错，汪伯彦还一度做过秦桧的老师，只是那个时候，汪伯彦也未发达，不可能给他带来太多帮助。

这对师徒断然不会想到，若干年后，两人竟有机会一起载入史册，而且还是挤在同一篇列传之中，只可惜，那是《奸臣传》。

早年的秦桧过得十分困顿，经常靠借钱才能维系生活。再后来，秦桧来到了京城，进入太学读书。

在太学期间，秦桧不但学习刻苦、文辞出众，而且还混到了一圈好人缘。太学中的学子不免都有点清高，大多不愿意干那些动手跑腿的活儿，而秦桧身上却没有这种骄气。每次太学生们出游搞聚会，都会把后勤扔给秦桧（每出游饮，必委之办集），秦桧也从不推诿，因此，他还博得了一个"秦长脚"的绰号。

政和五年（1115），二十六岁的秦桧参加科考，一举进士及第，那年的状元便是北宋末世宰相何栗。

要说宋朝的科考确实拥有改变命运的魔力。进士及第后不久，秦桧完婚成家，娶到了一个王姓女子为妻，从此迈出了改变命运的一步。

王氏出身显赫，她的祖父乃是神宗年间的"三旨宰相"王珪。秦桧攀上豪门后，实现了山鸡变凤凰的梦想，他的仕途之路从此变得畅通无比。

宣和五年（1123），秦桧经人推荐，参加了制举考试，中词学兼茂科，接着他又官升太学正，由一个太学生变成了主管太学的官员。

又过三年，秦桧的升迁速度再现火箭模式，噌噌地往上蹿。不过，这回，他的快速升迁并不是因为豪门背景。那时候，朝廷里的官已经没人想当了。

靖康之难到了。

从此，巨大的政治海啸将秦桧高高卷起，让他的人生发生了天翻地覆的变化。他的人性色彩也随之不断变换，发生着惊人的蜕变。

靖康元年正月，粘罕、斡离不分头入侵北宋，一面大军压境，一面要求割让三镇土地，钦宗赵桓召集群臣商议对策。

太学正秦桧勇敢地给赵桓上了一份奏札，极力反对割让土地，直斥金人贪得无厌，不可信任。

上完奏札后，秦桧升任职方员外郎。

接着，金人带着宋朝割让三镇土地的承诺，撤军还师。钦宗命张邦昌为河北割地使，前去办理割地事宜，秦桧被安排为张邦昌的从官。

秦桧连上三章辞掉这个职务，坚称割地求和不是他的本意。

连辞三次后，秦桧升任殿中侍御史、左司谏。

那年八月，金国以宋朝背盟为借口，再度兴兵。朝中大臣爆发争议，多数人都建议屈膝求和，反对者只有三十余人，秦桧也是其中之一。

廷争之后，秦桧晋为御史中丞，成为御史台的长官。

那时的秦桧，是一个正义凛然的宋朝官员。

第二年，真正的考验来了。

靖康二年，北宋灭亡，金国决定立张邦昌为帝，要求开封官员予以推戴。

在第一章里我们就说过，在那次象征性的推戴会议上，只有极少数官员冒死反对。

这里的极少数，包括秦桧。

当时，早已投靠金人的东京留守王时雍主持会议，他关闭城门，命兵士持刀环列，威逼众官员在事先拟好的举状上签名。

面对死亡的威胁，很多官员饮泣悲吁，但最终仍选择了退缩。

就在万马齐喑的时刻，奉直大夫寇庠第一个勇敢地站了出来，吼道："二百年赵家天下，怎能交给异姓？"

"吾请同行！"朝请郎高世彬大喝一声，成了第二个勇敢者。

监察御史马伸受到两人感染，当场慷慨陈词："我们言官诤臣，怎能坐着一声不吭呢？我们应该共写议状，要求保留赵氏。"

在宋朝的传统里，言官是官场中最清正刚烈的一个群体，代表着最敢伸张正义的喉舌。马伸的一句话，激发了御史台官员的勇气，这些言官御史纷纷表示要联名具状，请求保存赵氏皇统。

马伸只是御史台的一名普通官员，秦桧则是御史台的长官，于情于理，那番慷慨陈词，本该由秦桧来说。

然而，这一次，秦桧有些许犹豫了。

在以往的仗义执言中，金人还只是遥远的敌人，秦桧或许听说过金人的彪悍，见识过金人的凶残，但冰冷的刀枪却从未像今天这样，离自己那么近。

我们相信，此前的正义凛然，都发自秦桧的内心，因为那是书本传授给他的道德信条，他愿意为此坚守，哪怕因此失去功名利禄。

可是，这次直言，他所要付出的代价，或许是身家性命。

畏惧，在秦桧心中滋生蔓延。坚持正义，还是保全自身？秦桧的内心在抉择前不断挣扎。

秦桧想要退缩，但他一贯以直臣的面貌示人，这个身份标志又让他犹豫彷徨。

在同僚的敦促下，秦桧找到了一个折中的办法，他表示自己支持保留赵氏的主张，并答应在那份联名议状上签字。但事后他又单独写了一份议状，呈交金人。

在那份单独呈递的议状里，秦桧一改同僚们那般激进的言辞，他苦口婆心地告诉粘罕：张邦昌本是宋朝的旧臣，威望不够，如果金军北撤，恐怕马上又会引发动乱，金国也就无法实现对中原的稳固统治。

接着，秦桧话锋一转，贴心地给粘罕出了一个主意：在赵氏皇族里选择一个没有参与过宋金盟约的人，作为藩臣（于赵氏中推择其不预前日背盟之议者，俾为藩臣）。

什么意思呢？

金国不是以赵佶、赵桓违背盟约而出兵讨伐吗？那就不如从赵氏家族的远支里再选一个人当皇帝，这样既可以帮助金国维系人心，又不失金国的面子。

秦桧的建议，于金人而言，是设身处地地为其着想，不易激怒对方，对同僚而言，这又可以看作是一种权衡利弊后的应对策略，两边都说得过去。

当然，这份议状中，究竟有几分私心、几分公心，只有秦桧自己知道了。

秦桧精心准备的议状并没有打动粘罕，当时的粘罕一心只想灭掉赵宋王朝，任何留存赵氏的理由都不在他的考虑范围之内。

最后，秦桧还是为自己的行为付出了代价，他被作为异见者押送到了金国营帐。

靖康二年三月底，秦桧和其他被俘人员一起被金人押往北方，同行的还有他的妻子王氏及几个家婢。

那时的秦桧，是一个心存畏惧却又良心未泯的人。

被抓到北方后，秦桧很长一段时间都和赵佶、赵桓拘押在一起，被金人一会儿拎到燕京，一会儿扔到中京，吃尽了苦头。

"疾风知劲草，板荡识诚臣"，靖康之难成了检验宋朝臣子忠臣本色的试金石。同行的张叔夜、何栗用生命坚守心中的信念，而秦桧在北风黄沙的磨砺下，逐渐被剥蚀了所有的骨气、棱角、锋芒。

经过几年的播迁，秦桧彻底见识了命运的残酷，他无法忍受作为俘虏的痛苦折磨，开始放弃抵抗的念头，一心寻找机会巴结金朝贵族，以求改变自己的现状。

建炎初年，赵构称帝的消息传到北方，被拘押的赵佶觉得可以利用这个机会想办法脱身，就想着写一封信给粘罕，表示愿意帮助金军劝说儿子放弃抵抗。秦桧揽到了这份起草文书的活儿，写了一份极其卑下的乞和书给粘罕。

赵佶虽然没有说动粘罕，秦桧却借机结识了这位金军中的大人物。在粘罕面前，秦桧又变身成太学里的"秦长脚"，充分展示了自己殷勤讨好的本领，得到粘罕的欢心。

借着粘罕这条线，秦桧又神奇地取得了金主吴乞买的信任，而后，吴乞买把秦桧作为一个人才，赏赐给了挞懒。

就这样，当同僚们纷纷沦为阶下囚、刀下鬼的时候，秦桧却以圆滑、狡黠博得了金人的好感，转身成了金朝贵族的座上宾。

此时的秦桧，是一个丢失气节的人。

桧自北方来

秦桧跟了挞懒后，深得挞懒信任。建炎四年八月，当挞懒率军进攻楚州的时候，秦桧被任命为参谋军事兼随军转运使，负责为金军筹措粮草。

挞懒攻打楚州的时候，遇到了守军的顽强抵抗，秦桧还替挞懒起草了一篇檄文，向城中散发，劝说楚州军队缴械投降。

那年十月，楚州城破，诡异的是，就在城破的同一天，秦桧却带着家人脱离金军，进入南宋境内。

关于秦桧南归的经过，《宋史》里面只有短短的一句话。

"建炎四年十月甲辰，桧与妻王氏及婢仆一家，自军中取涟水军水寨航海归行在。"

实践告诉我们，文字描述越简单，背后情况越复杂！

关于秦桧南归这件事，一直是个众说纷纭的谜案，和这段谜案有瓜葛的史料足有十多种，但不管这些史料记载得如何花哨，概括起来，无非是两种观点：一种为"逃归说"，一种为"纵归说"。

"逃归说"认为秦桧是从金国主动逃回南宋的。

"纵归说"则认为秦桧是金人故意放回来的，纯属奸细一个。

两种说法都有不少史料来印证，我们先看看"逃归说"的描述。

在《建炎以来系年要录》和《三朝北盟会编》中，记载着一段神奇的故事：

挞懒南侵时，要求秦桧作为金军参谋兼随军转运使同行，秦桧想趁机一个人溜回南方。老婆王氏听后不乐意了，故意吵着要和秦桧一起走。秦桧居住的地方离挞懒很近，两口子吵架的声音被挞懒听到，挞懒就派自己的老婆来问怎么回事，问明情况后，爽快地答应秦桧带着家眷一起南下。

在楚州的时候，秦桧结识了一个叫孙静的艄公，答应帮他偷渡。楚州被攻陷后，城外金军乱哄哄地往城里涌，秦桧便以催收钱粮为名，趁乱带着家眷及几个亲信登船跑往南宋境内。秦桧一伙进入南宋境内后，跑到了涟水军（今江苏涟水县）的一个宋军水寨里，被水寨首领丁禩所安排的巡逻人员当作奸细抓住，准备立刻杀掉。

秦桧急忙亮出了自己的身份："我是御史中丞秦桧！"水寨里的兵丁哪里知道什么秦桧不秦桧，仍要把他当奸细宰了。秦桧一听，连忙哀求："你们这里有没有读书人？如果找一个读书人来辨认，他肯定听说过我的名字。"

寨兵真的为秦桧找来了一个叫王安道的秀才。但王秀才其实也就一个底层小知识分子，未必知道所有朝廷大员的姓名，好在他很配合，佯装认识秦桧，说了一句："中丞安乐，劳苦不易。"

寨兵听后，觉得秦桧身份可信，便带他去见了水寨的首领丁禩。丁禩派人招呼秦桧一起喝酒，副将刘靖见秦桧随身携带了不少钱财，想谋财害命。秦桧察觉他的企图后，当场站出来指出了他的阴谋，那个副将只好打消劫财的念头。

事后，水寨派船将秦桧及家人从涟水军一直送到了越州，秦桧终于完成了胜利大逃亡。

《建炎以来系年要录》和《三朝北盟会编》是记载南宋初年历史的最权威史料，它们讲得有鼻子有眼，该没错了吧？

事情没那么简单。

因为，我们仔细推敲一下，就会发现这里的疑点实在太多。

首先，挞懒听到秦桧两口子吵架一事就非常戏剧化，如此桥段，就连生活肥皂剧都不可想象，怎能认定为史实？

其次，金军打仗又不是长途旅游，为什么金人竟能答应他带着家眷前行，把他的家人扣起来作为人质岂不更好？

再次，从楚州出来，秦桧拖家带口，还带着大量财物，缘何能躲过金人的一路卡哨？

最后，那个应变能力极强的王秀才也是一个奇人，压根儿就不认识秦桧，为什么要帮这个大忙？

以上种种疑问，除了那个神奇的王秀才，都指向一个结论：秦桧和挞懒的关系非同一般，好到挞懒明知秦桧想趁机溜走，不但不予阻拦，还给予了帮助。

如此一来，秦桧"逃归"的说法就不成立了，倒更像是"纵归说"。

事实上，这些疑问也不是我拍脑袋想出来的，《建炎以来系年要录》的作者李心传便记录了类似疑问。

这里，得补充说明一下，《建炎以来系年要录》和《三朝北盟会编》都是史实汇编类型的书籍，它们记录历史的原则是"兼收并蓄、胪采异同"。

也就是说，不管传闻和记载是否可信，都先记录下来再说。哪怕同样一件事情存在不同的说法，也一一记录在案，有时，作者还会附注说明，提出采信哪种说法的理由。

李心传不但对秦桧逃归的故事进行了质疑，还留下了另一条关键的记载："桧自言杀监己者，奔舟来归。朝士多疑之者。"

这句话是说：秦桧自称是杀了金军中监管自己的人，找了一条小船后得以逃回。对于秦桧的说法，当时朝中很多人都持怀疑态度。

按照这个说法，秦桧刚回来时，把自己吹成了孤胆英雄：一刀宰了看守者，然后找了一条小船，将自己的家眷和钱财统统打包塞到船上，接着一路冲破重重关卡，最终毫发无伤、一人不漏、一钱不丢地回到祖国怀抱！

类似的情节倒也不是没见过，除了缺少一段感情戏外，与好莱坞的英雄片大致差不多。

如此夸张的描述，怪不得"朝士多疑之者"。

相比于"逃归说"的曲折纷纭，"纵归说"的记载都很简单，称秦桧深得挞懒信任，被挞懒放回来推行和议，有的史料甚至还说，秦桧临走前，挞懒还送了他一万贯钱和一万匹绢。

由于秦桧后来干的事情比较龌龊，"纵归说"也就被更多人接受，可这一说法的可信度有点欠缺。因为记载此种说法的史料大都为南宋官员的私家著述，掺杂个人感情的可能性比较大。

比如，朱胜非的《秀水闲居录》就点名道姓说秦桧是奸细，可朱胜非与秦桧的关系极差，这成了削弱史料可信度的一个重要因素。

"逃归说"不合理，"纵归说"缺乏实锤证据，到底谁真谁假呢？

不忙，秦桧的故事版本还很多，咱们接着看。

再后来，关于"逃归说"，又出现了一种新的说法。

说秦桧在楚州时，原打算深夜骑马跑回来，但看到到处都是金兵，从陆路走被发现的可能性太大，于是决定改走水路。秦桧四处寻访能够操船的人，但找了好久都没找到，于是向一个姓张的郎中求助。正好，张郎中在军中交际很广，而且也想逃跑，最后，两人终于找到了一个愿意载他们回来的艄公，在付出巨额酬金后，得以乘船离开金军。

艄公连夜驾船六十里，第二天抵达涟水军寨，秦桧提出想要拜访水寨首领丁禩，寨中人不相信秦桧的身份，不予引荐。又过了一天，秦桧终于被带去见丁禩，丁禩推托有病不见，只是派副将刘靖等人设宴招待。刘靖见秦桧带了不少钱，想谋财害命。秦桧当场识破刘靖的阴谋，并予以指责，刘靖这才不敢下手。第四天，秦桧再到丁禩军营求见，这回丁禩仍拒绝接见，但他装作醉酒后睡着了，以此表示自己并不怀疑秦桧的身份。于是，秦返回船中，离开水寨，顾自赶赴越州。

相比于最前面的说法，这个版本看起来就靠谱多了。你看，秦桧也不是随随便便就找到小船的，那可是掏了真金白银的。在水寨里，那个莫名其妙的王秀才也不见了，水寨首领丁禩既没有帮助秦桧，却也没为难秦桧，而是采取了睁一只眼闭一只眼的态度。如此描述，看起来确实更合人情。

很可惜，以上版本恰恰被公认为最不靠谱的说法。因为它来源于一本叫作《北征纪实》的史料，而《北征纪实》的作者不是别人，正是秦桧自己。

说到这里，很多朋友可能已经对我操起了板砖，既然没啥可信度，那你还说个啥？

大家也别忙着恼怒，我把这个版本拿出来，肯定不是和大家寻开心。其实，我想说的是，说法固不可信，但不代表没有价值。

因为，秦桧为了美化自己，必然要掩饰、说谎，而戳破谎言，则会帮助我们找到真相。

接下去，就让我们从秦桧的自述开始，一起探寻背后的内幕。

首先，我们可以从上面的几则史料中剥离出两个无争议的事实：第一，秦桧刚回来时，确实曾经"自言杀监己者，奔舟来归"。第二，秦桧南归时，确实途经涟水的一个水寨。

关于第一点，很多史料均有提及。杀人后夺船跑回来，这样的桥段，其他人断然编不出来：有意美化秦桧的人，不可能编造如此拙劣的谎言；对秦桧持怀疑态度的人，不可能不约而同地替秦桧编排一句他从未说过的话。

最大的可能是，秦桧刚回来时，并没有对自己的"神奇归来"思虑周全，面对大家的质疑，随便编了一个瞎话搪塞过去。

然而，这个思虑不周的谎言实在漏洞太多，经不起推敲，于是才又有了新的说法，"杀监己者"变成了"趁乱逃回"。

从脱离金营到上船的环节，除了家眷，秦桧是整个事件的唯一见证者。正因为如此，别人即便是怀疑，也不能去找金人录口供。所以，秦桧大嘴一张，说啥都成立。

问题的关键在于，如果秦桧真的"趁乱来归"，为什么前面要编造一个"杀监己者"的谎言呢，他要掩饰什么呢？最大的可能便是金人故意放回，这也正是"纵归说"支持者们的推论。

咱们接着说第二点，关于涟水军寨的问题，它是秦桧进入南宋境内的第一个落脚点，里面发生的故事如前所述，出现了两个版本，第一个版本逻辑破绽很多，第二个更像是前者的修订版，把前者的破绽一一修补。

问题是如果秦桧在《北征纪实》里的描述为真实情况，为何不早提出来呢？无非是发现自己的谎言仍糊弄不过去，这才又补丁打补丁。

这里要特别提一下水寨首领丁禩，当时的丁禩只是个低级武官，但在秦桧发达后，他却官运亨通，成了秦桧的大管家之一。里面没有猫腻，谁信？

分析了那么多，咱们可以得到一个大概的轮廓：秦桧带着家眷南归后备受质疑，他想以谎言掩饰，但谎言终究经不起推敲，结果引来了更多的质疑声，他只好用一个新的谎言来掩饰前一个谎言……

而这些谎言的背后，便是秦桧南归的真相——他并非逃归，而是金人纵归。

好了，终于分析完了。那么，事情到此了结了吗？还没有。

因为即使秦桧是金人放回的，也存在两种推论，一是秦桧马屁功夫到位，使金人对他高抬贵手；二是金人故意放回秦桧，打击南宋主战派，促成议和。

第一种推论倒也不是不可能，毕竟金人也是人，卖个私人交情，甚至收钱替人办事，都有可能。可问题是，秦桧如果真的以此脱身，也不是件太丢脸的事，为什么回来后只字不提呢？

第二种推论的质疑声也不少，历史学家吕思勉就曾提出，以当时的情势，金国想要议和还不容易啊，只要抛一个媚眼过去，赵构上赶着贴热脸呢。咱也不能拿秦桧后来办的那些事，反推前后的因果关系啊。

然而，我想说的是，金国确实不需要靠秦桧来作妖，但挞懒却很需要。事实上，秦桧自南归后，仍通过各种渠道和挞懒互通声息。他们为了实现各自的利益，进行着不可告人的交易。

到此，我们可得出一个结论：秦桧确为"纵归"，而纵归者，并非金国，而是挞懒。

换句话说，正因为放归秦桧并非金国最高层的一致意见，才有了后来的曲曲折折。

比如，秦桧刚回朝时，他的际遇并不顺畅。

建炎四年十一月，秦桧到达越州，靠着以前的名气和人脉，他很快得到了赵构的召见。

秦桧见到赵构，迫不及待地向他提出了一条建议：

"如欲天下无事，须是南自南，北自北。"

什么意思？就是说，宋朝若想和金国讲和，就要把现在居处在南宋统治区域内的官绅军民，按照原籍遣返。即原籍在河东、河北等金国统治区的人，一律遣返到金国境内；原籍在中原一带的，都要遣返到伪齐境内。反过来也一样，原籍在南宋境内的人，可以要求金国和伪齐遣回南宋。

照秦桧的意思，来个双向遣返，大家都各自守土安民，也就没人会想着收复家园，天下自然也就太平了。

稍微想一想就知道，秦桧这个建议，其实缺德到了极点。

第一，金国一直追着南宋打，从来只有北方人往南方逃亡，哪来南方人往战乱区跑，这个看起来公允的建议，执行起来就是南宋向金国送人口。

第二，在宋代，一般都是生长在北方和西北地区的人勇敢善战，而南方人则显得比较文弱，所以构成南宋军事力量的将士大多出自北方。如果实行"南自南、北自北"，岂不是让南宋自动解除武装？

这种分化宋朝军队的事情，金国以前就干过。建炎三年金人攻陷扬州的时候，就曾在城内张榜告示"西北人愿还者听之"，如此做派，目的就是动摇宋军军心，削弱宋军抵抗意志。

第三，这个建议最阴狠之处在于，从此以后，北方的百姓无论遭受金国如何的奴役，再也不能奔往南宋境内。因为，宋朝一旦接纳了这些百姓，就等于违背了双方的盟约。

秦桧的建议非常缺德，但赵构刚经历了金人的残酷打击，一心想找路子求和，听了他的话后反而非常高兴。秦桧见赵构高兴，趁热打铁，拿出了一份早就替赵构起草好的国书，建议马上送给他的主子挞懒，抓紧求和。

秦桧的到来让赵构看到了求和的希望，连连表示：秦桧忠诚朴实，我因为得到秦桧而开心得睡不着觉（朕得之喜而不寐）。

骗得赵构宠信后，秦桧的官位火速飞升，不久，他获任礼部尚书，又过两个月，升任副相，进入宰执行列。

当上副相后，秦桧仍不知足，一心谋求宰相之位，他逢人便自吹自擂："我有二策，可以耸动天下。"

言下之意，自己还有两个锦囊妙计，只要一说出来，定能让天下人震惊。

有人听了秦桧的牛皮就问，既然你有妙策，为什么不贡献出来呢？

秦桧也不避讳，回道："今无相，不可行也。"

当时，朝廷里正好处于相位空悬的状态，秦桧的表态，其实就是向赵构伸手要官。

赵构很懂秦桧的心思，慷慨地赏给了秦桧一个相位。

绍兴元年（1131）八月，秦桧被擢升为右相。这时，卖了半天关子的秦桧才抛出了他"可以耸动天下"的两条奇策：

一、凡是留在北方出任金廷官职的南方人，以及在南方出任宋朝官员的北方人，都可以和家人通信联络，承认他们的现实难处（必皆出于不得已），凡是与家人取得联系的，立刻安排遣送。

二、查核滞留在南宋境内的北方百姓，愿意回老家的，由南宋官府送回去。

秦桧的"奇策"，其实就是"南自南、北自北"的细化操作版。照此执行，南宋无异于自我阉割，彻底扔掉了抗金的实力和心气。

不过，秦桧的算计再好，也顶不住现实的变化。

很快，前方的几通战火就把他的如意算盘烧了个精光。

第八章 西线战事

狂人张浚

前面提到，兀术撤离淮南战场缘于金廷的一道急令，他领到的新任务是驰援西线金军。

正当挞懒和秦桧忙着玩阴谋的时候，粘罕正摩拳擦掌地玩阳谋，他把金军的作战方向调整到了西北，准备在那里和宋朝好好干一仗。

关于对宋作战策略，粘罕和讹里朵、挞懒、兀术等人素来有分歧。讹里朵等人想要集中全部主力，南下抓赵构（欲罢陕西兵，并力南伐），但粘罕却有不同意见。

粘罕主张，应该先集中兵力肃清陕西的宋军，理由是陕西和西夏接壤，更远处还有一个辽国的耶律大石，不彻底肃清西北，会使金国根基不稳。

粘罕的想法，其实也夹着私货，因为西北地区一直是他的势力范围，扩张西北就等同增加他的自身实力。

南宋刚建立的时候，金人自恃实力强，弄出了个三路并进，时间来到建炎四年秋，情况发生了变化。

眼见兀术、挞懒等人未能实现剿灭南宋的目标，粘罕借故旧事重提，主张把兵力北调，全力攻打陕西方向。他建议由讹里朵出任西北军事行动的主帅，再把兀术的兵力也调过来，会同原在西北的斡里衍，狠狠敲打一下陕西宋军。

粘罕的意见一提出，竟得到金国一致赞同。

原本存在分歧的金国贵族，这回怎么团结一心了呢？除了粘罕比较强势外，主要得归功于一个宋朝人——张浚。

因为，就在粘罕张弓搭箭的时候，张浚也在磨刀霍霍。

苗刘兵变平息后，吕颐浩和张浚因功入朝担任宰执。张浚没在朝中待多久，便主动提出要到陕西主持军务，口号是力保川陕不失。

"川陕"是宋朝对陕西、四川一带的统称，这是一块具有重要战略意义的地区。

从地理位置上看，陕西扼守四川陆路入口，而四川又是物产丰饶、人口稠密的"天府之国"。如果陕西一失，四川就会难保，四川一失，金人就可顺江东下，让江南腹背受敌。

为此，有人曾替赵构分析过，当今天下的形势，犹如常山之蛇，秦蜀如蛇头，江南如蛇尾，中原如蛇的脊背，想要重新中兴宋朝，必须要从川陕地区开始。

再从军事上看，川陕地区是宋朝在北方唯一留有"本钱"的地区。我们提到过，宋朝最精锐的军队就属陕西军和河东（山西）军，但自靖康年间的太原一战后，河东军被打没了，只剩下了陕西军。

陕西军虽在增援开封过程中遭受重创，却仍保持了完整的建制。在宋夏边境，宋朝原本设有熙河、秦凤、环庆、泾原、鄜延、永兴军等六路防区，现除了鄜延路部分地区被金军蚕食外，其余大致完整，各路军队加起来还有十多万，足可一战。

建炎三年十月，张浚头顶川陕宣抚处置使的官帽，来到兴元府（今陕西汉中），他刚一到任，便大刀阔斧地整顿军队。

在整军时，张浚一上来就碰到了个棘手问题。

因为长期战乱，陕西失去了和朝廷的联系，许多地方成了半独立状态，一些地方实力派借此涌现，其中尤以泾源路主帅曲端最为突出。张浚初来乍到，必须先要搞定曲端。

曲端是个非常复杂的人物，他能打仗、会打仗，但又脾气大、有私心，犹如一匹难以驯服的烈马。

张浚任命曲端为川陕宣抚司都统制，还煞费心机地搞了一次登坛拜将，拜他为威武大将军，希望他能诚心诚意地为己所用。

可惜的是，对于张浚的刻意笼络，曲端并不太领情。两人一旦遇到具体问题，还是经常闹矛盾。到了建炎四年，两人的矛盾终于被激化。

张浚经过几个月的整顿，觉得自己已经准备得差不多，便想找机会和金军进行大兵团决战。为了取得曲端的支持，他派亲信前去探口风。

曲端听了张浚的想法，不以为然。他不客气地回话："张浚虽然表面上整肃了军队，但兵还是以前的那些兵，不会有什么质的转变，相比能征善战的金军，宋军没什么胜算，还不如继续把守险要据点。金军的粮草要靠河东地区调拨，长期对峙下去，必定有所疲敝。等待双方实力真正发生转变了，再考虑决战不迟。"

对于曲端的意见，张浚觉得太保守。在他看来，现在宋军在数量上对金军呈压倒性优势，别说痛击斡里衍，就是恢复中原，直捣幽燕也不在话下。更何况，朝廷正盼着他在陕西吸引金军主力，从而减轻江南一线的压力。

为了迫使曲端屈服，张浚特意召集所有陕西高级将领，召开了一次大型军事会议，研究的主题只有一个：要不要和金军开战！

你不是反对我吗？没关系，咱们就开会讨论一下，看看大家支持谁。

张浚对召开会议很有信心，因为他来到陕西后，对当地军事主官进行了一次大换血，提拔了一大批自己中意的青壮派将领。他相信，这些新上任的将领肯定会对他的意见投赞成票。

结果却让张浚大跌眼镜，会议一开，他的观点迎来了两种意见：

一种，强烈反对。

另一种，措辞委婉地反对。

然而，众将的劝说并不能把飘在天上的张浚拉回来。几天后，张浚还是下发了动员令，命陕西各路的军马钱粮迅速向富平（今陕西富平县）一带集结。

富平位于关中平原向陕北高原过渡的地带，那里地势平坦开阔，非常适合大兵团展开。张浚打算在那里组织一次前所未有的宋金大会战，一举击溃金军主力。

众将固然不同意张浚的观点，但他们不会像曲端那样直接冒犯张浚，还是老老实实执行了他的决策。一时间，富平地区宋军精锐云集，战云密布。

在开战前，张浚又去拜访了一次曲端，以做最后的争取。

在这次会面中，张浚首先申明了自己的态度，会战必须举行，最后再给你一次机会，究竟支不支持？

曲端打心眼儿里瞧不上文官出身的张浚，面对张浚的逼问，不阴不阳地回了四个字："必败无疑！"

张浚一听，情绪上来了，赌气似的说道："我如果没失败呢？"

曲端一点都不嘴软，冷笑一声："你若不败，我曲端情愿伏剑而死！"

张浚气得抓狂，嚷道："你敢立军令状吗？"

曲端也被激得站起身来，立刻起草了一份军令状，甩给张浚："你若不败，我甘伏军法！"

张浚气咻咻地回道："很好，非常好，如果败了，我也把头割下来给你！"

话顶话到了这个份儿上，就有点小孩斗气的味道了，两人从此彻底撕破了脸皮。

　　事后，张浚将曲端连续贬官，送到万州（今重庆市万州区）安置，与曲端过从紧密的人员通通给予降职处分，丝毫不留情面。

　　面对宋军咄咄逼人的气势，金军也加快了脚步。

　　建炎四年九月初，讹里朵和兀尤先后赶到西北战场，与斡里衍的部队会合，驻军于离富平约八十里的下邽（今陕西渭南）。

　　张浚觉得自己胜券在握，在开战前特地给斡里衍送了一份战书，商讨约架日期。

　　斡里衍为了准备得更充分点，故意不搭理张浚的约架请求。

　　斡里衍不理会张浚，张浚却以为对方心虚害怕，接着命人贴出了一份悬赏告示：如有谁能活捉斡里衍，一律官封节度使，赏银万两、赏绢万匹！

　　斡里衍很幽默，也贴出了一张悬赏告示，称如果有谁能活捉张浚，赏驴一头、布一匹。

　　把堂堂的宋军统帅贬值成一头驴子，斡里衍狠狠地拿张浚开涮了一把。

　　好了，嘴炮打完，那就开战吧。

富平之败

　　为了赢得富平战役的胜利，张浚命熙河经略使刘锡、秦凤经略使孙渥、泾原经略使刘锜、环庆经略使赵哲、权永兴军经略使吴玠率本部兵马悉数出战，以刘锡为都统制，统筹五路大军，总兵力达到惊人的四十万！

这五路统帅，清一色均是张浚嫡系。其中，赵哲是张浚的老部下；刘锡、刘锜两兄弟，均为张浚到陕后所提拔；吴玠原是曲端部下，因为和曲端有矛盾，也投到张浚门下；剩下的孙渥，也是张浚的一员亲信。

为了保障大军后勤供应，张浚提前征收了川陕地区五年的赋税，各种战略物资堆积如山，摆出了一副豪赌的架势。

再看金军这边，兵力合计约有六万，不过，那可都是货真价实的骑兵，而张浚的四十万大军，有一大半是负责后勤保障的民夫，真正的战斗人员估计在十八万左右。宋军数量占优，金军质量占优，双方可谓旗鼓相当。

在具体部署上，宋军选择在一个平坦开阔的地带布阵，那里背靠石川河，营地前面有一大片长满芦苇的沼泽地。五路军队在平原上抱团扎营，赵哲、孙渥、刘锜平行站位，顶在前方，吴玠殿后，总指挥刘锡居中策应，呈防守反击态势。

关于布阵地点的选择，权永兴军经略使吴玠曾提出异议，他认为宋军应该依托高地布阵，这样才能让金军费力仰攻，遏制他们的骑兵冲击力。

但是，吴玠的建议并没有被采纳，刘锡等将领都以为，前面的沼泽地已经可以阻遏骑兵的冲击，没必要再浪费功夫。

刘锡把阻挡金军骑兵的宝押在了一片芦苇地上，这本没有错。可是，他似乎没有想到，既然他们注意到了眼前这块沼泽地，金军肯定也不傻，会任由自己的骑兵傻乎乎地往沼泽地里冲。

事实上，斡里衍在战前已经数次亲自侦察宋军布阵情况，想好了应对策略。

　　知己知彼，百战不殆；不知彼而知己，一胜一负；不知彼，不知己，每战必殆。

——《孙子兵法·谋攻》

建炎四年九月二十四日晨，宋金开战以来最大规模的一次会战正式展开。

伴随着急促的马蹄声，金军率先发动袭击，位于金军左翼的斡里衍派出三千骑兵迅速向宋军阵地冲来。令宋军惊讶的是，这次跑过来的金军并没有挥舞大刀长矛，而是带着大量的柴草和土袋，活像一个辎重运输队。

金军骑兵冲到沼泽地前，拼命地往里面填土埋草，转眼之间，宋军视为天险的沼泽地被铺成了平坦大道。

还没等宋军反应过来，右翼的兀术跟进发起了冲锋，他们娴熟地穿过先头部队铺出的道路，突然来到宋军阵前。不过，直到此时，兀术依然没有对宋军阵地发起正面冲击，而是绕着宋军营地兜起了圈子。

在宋军的营寨外围，驻扎着大量负责运送粮草的民夫，兀术避实击虚，先对这些手无寸铁的民夫发起了攻击。

攻击外围民夫营地时，兀术并不以杀伤抢掠为目标，而是如狼群驱赶绵羊一样，把民夫们一个劲儿地往宋军营地内驱赶。民夫一遇到金兵，本能地往宋军营地里拥，宋军的营寨顿时乱成一团。这种情势，要是普通的宋军遇到，恐怕早就你跑我也跑，一起见阎王了。

好在陕西军毕竟见过世面，虽被冲乱了阵脚，但也没有引起全线崩溃，泾原经略使刘锜最先从混乱中清醒过来，第一个组织兵力迎头阻击兀术。

刘锜麾下的泾原军是此前曲端调教过的精兵，人数上又占优势，经过一番缠斗后，逐渐夺回了主动权。在刘锜的反攻下，兀术陷入重重包围之中，幸得爱将韩常的保护，才侥幸突围。

刘锜和兀术从早上打到了中午，鏖战近四个小时，双方各有死伤，打成平手。

下午，金军祭出最擅长的两翼包抄战术，发动第二波攻击。这回，斡里衍变成了进攻主力，他亲率三万人从左翼切入，向环庆经略使赵哲发起进攻。同时，休整后的兀术继续从右翼进行牵制。

环庆经略使赵哲此前主要从事刑狱工作，虽也曾跟着张浚参加过剿匪行动，但总体而言，属于"军事小白"。可张浚对这位老部下很信任，让他成了执掌一路的主帅。

环庆军遭到斡里衍的进攻后，将士们很快发现了一个要命的问题：

主帅赵哲找不到了！

是的，按照史料里的说法，这位老兄好像会隐身术一般，突然间就消失了。

他到底是跑路了，还是躲起来了，也没个确切的说法，反正脱离指挥岗位是肯定的。

环庆军在群龙无首的情况下和金军死磕了一下午，其他各路军队也不知道哪里抽风，竟然没有过去支援（他路军无与援者），眼睁睁看着友军被斡里衍生吃掉。

战斗从日中打到日暮，环庆军最后力战不支，战败溃散。将士们争先恐后地向后撤退，继而引发了全体宋军的溃退，全军如决堤的洪水一般，稀里哗啦地逃成一片。

富平之战，终以宋军大败结束。

经过一天的战斗，金军已经疲惫不堪，当他们看到宋军营寨中堆积如山的钱粮辎重时，更加没有追击的欲望，赶紧停下来打包战利品。

金人得到了张浚那么多的"馈赠"，没忘了特意给他留了一封感谢信，信上写的是一首打油诗："娄室大王（斡里衍）传语张老，谢得送到粮草，斗秤不留一件，怎生见得多少？"

意思是递话给张浚：感谢你辛辛苦苦送来那么多粮草，只可惜你没留下一杆秤，我们怎么知道你到底白送了多少东西？

张浚听了，估计鼻子都要气歪，他做梦都没想到，自己辛辛苦苦攒起来的一点家底，最后竟只换来一番调侃。

富平之战是宋金之间的一场极致豪赌。战前，有人说张浚担着半壁江山的责任，如今，大家满怀信任地把压箱底的钱交给了他，没承想，居然让他一把就给败光了。

收到战报，张浚恼羞成怒，把满腔怨愤发泄到了部下身上。

前线总指挥刘锡肯定要负责，直接一撸到底，啥都甭干了。

那个临阵消失的赵哲终于被找到了，他先是被张浚拿着铁棍狠抽一顿，然后就被推出去给砍了。

这回，赵哲真的没了，彻底没了。

赵哲的死，可算罪有应得，而曲端的死，就显得非常冤枉。

在张浚的授意下，他被扣上一顶"谋反"的帽子，秘密处死。

富平战后，宋朝陕西六路尽失，张浚带着余部向陕南、川北方向撤退，如果川北再守不住，金军将长驱直入，鲸吞川蜀大地。

和尚原

张浚原准备一路跑进四川，在部属的苦劝下，才在兴州（今陕西略阳县）停住了脚步。

为了重新构筑防线，张浚派人四处搜罗溃散的士兵。好在富平之战中，宋军只是被击溃，而没有被围歼，所以最后清点归队人数，竟然仍有十万左右，真是不幸中的万幸。

张浚点完人头后，发现了一个奇怪的现象，这十万重新收拢的士卒，来自环庆、泾原、熙河、秦凤的都有，唯独少了永兴军的，一兵一卒都没有！连主帅吴玠也没回来！

吴玠人呢？难不成带着部下集体叛逃了？

吴玠，字晋卿，哲宗元祐八年（1093）出生，德顺军陇干（今甘肃静宁县）人。

前面说到，南宋人曾把"刘光世、张俊、韩世忠、岳飞"四人列为中兴四大将。后世很多人对这份榜单并不认可，他们根据战功，重新评选了一个四大将，刘光世和张俊这两个水货落选，取而代之的两人，分别是刘锜和吴玠。

刘锜的高光时刻还在后面，现在先说说吴玠。

吴玠出身于一个小武官家庭，父亲一生中获得过的最高军职，也不过一个指挥使。

政和元年（1111），十九岁的吴玠应募从军。在军旅中，吴玠素以灵活勇敢闻名，并屡次获得战功，建炎初年，他成长为泾原军的一名副将。张浚来到陕西后，非常欣赏吴玠的才能，连着给他升官，在富平之战前，吴玠成了独掌一路的主帅。

当张浚和各路溃退的军队一路跑到陕南的时候，吴玠却带着军队穿越金军占领的凤翔（今陕西宝鸡市凤翔区），折向秦岭北麓的一处要地——大散关。

关于大散关的军事战略意义，我们可以用八个字概括：关中要塞，川陕咽喉。

吴玠为什么要跑到大散关呢？为了把他的想法说清楚，咱们还得摊开地图简单分析一下。

从地理上看，陕西自北而南可以分为陕北、关中、陕南三个部分，过了陕南，就是川北，过了川北，就可进入四川腹地。大散关则是由关中进入陕南的唯一隘口。

富平之战后，陕北彻底丢了，张浚想接着放弃关中、陕南，直接跑到川北构筑防线，幸亏被人拉住衣角，这才留在了陕南。而吴玠的想法比张浚更勇敢，他要把防线再往北推一推，将金军抑留在关中地区。

吴玠勇气可嘉，却也将自己逼到了十分危险的境地。这一主动掉队，等于让一支孤军落入金军的重重包围之中。

吴玠已经下决心力保大散关，可奇怪的是，他并没有派兵去扼守大散关关口，而是把兵力集中到了另一个地方——和尚原。

和尚原是位于大散关右前方的一处高地，四周为陡峭的山壁，原上却平坦开阔，利于居高临下屯兵。吴玠命人在和尚原上修筑防御工事，准备守株待兔，迎接来犯金军。

很多部将对吴玠的安排感到不解，说好了扼守大散关，怎么就跑到和尚原去了呢，万一金军无视我们，直接奔着大散关去呢？

吴玠信心满满地回答："金贼如果不剿灭我，必定担心我会抄他们的后路，不敢放心地进入川蜀。"

没错，从关中到大散关，就这么一条狭长的通道，如果金军绕过去，前有张浚，后有吴玠，补给线一被掐断，瞬间玩完。反之，如果吴玠依托险隘死磕，反而失去了主动性。

此前富平之战中，吴玠的建议未被采纳，这回，他少了外行领导的指挥，终于可以放开手脚大干一回。

这一回，运气似乎也站到了勇敢的吴阶这一边。

富平战役结束后仅两个月，长期负责西北战线的金军大将斡里衍去世了，金军的进攻步伐因此有所停顿。这段时间里，吴玠派人偷袭凤翔金军营地，顺来了三十万斛粮食，吃饱喝足，就等敌人上门。

绍兴元年三月，吴玠迎来金军第一次进攻。

刚开始，金军只当吴玠是一个掉了队的呆头鹅，根本未予重视，所以只派了少量部队前来进攻。

跑来进攻和尚原的金军将领叫完颜没立。

完颜没立一看吴玠躲在和尚原上不出来，就派一员骁将前来骂阵，希望把吴玠骂出来单挑。

吴玠没理会这个骂街的，继续该吃吃，该喝喝。再说，金人骂街，估计也是女真语，如果没一个翻译，人家也听不懂。

金军将领骂了半天，吴玠连瓶矿泉水都没递过去，可他麾下的两员战将却坐不住了，觉得下面这小子太嚣张，准备联手做了他。吴玠架不住下属工作热情高，只得点头应允。

没承想，金人的单兵作战能力确实强，以一敌二，愣是把吴玠的两员战将给刺翻了。这下，金将更骄狂了，越骂越起劲。

吴玠看到这场景，面子上有点挂不住。这时候，一个叫曹武的将领站出来想试试，吴玠知道曹武的武力值还不如前两位，有点为难。曹武却悄悄告诉吴玠："你只要把你的马借给我，我就有办法对付他。"

吴玠觉得很奇怪："打架跟马有什么关系？"

曹武笑笑说："这人确实很猛，但我发现他的马在急停转向时有点问题（回挽间微疵），我肯定能搞定他。"

吴玠一听，就把自己的马借给了曹武。曹武骑马冲下去后，并不和金将发生直接冲突，只是和他一起并排骑马狂奔。金将不知是计，跟着瞎跑。

跑着跑着，曹武突然来了个"急刹马"，然后顺势斜杀过去。金人也想来个急停，可他的坐骑果然不灵光，转头时慢了半拍，被曹武瞅准时机，一锤敲烂脑袋。

看来，打架也是一件需要动脑子的事情。

完颜没立见单挑没成功，骂又骂不出吴玠，最后只能悻悻地退了回去。

两个月后，金人卷土重来。

这回，他们放弃了把吴玠骂下来的企图，而是分南北两个方向强攻和尚原。

实践证明，金人跃上马背是猛人，跳下马背，战斗力就直接打了对折。两路金军在山地上仰着头冲锋，脖子都抬酸了，却没占到半点便宜，留下一地尸体后，灰头土脸地撤了回去。

绍兴元年十月，此时离富平之战已经过去整整一年，吴玠仍然顽强地固守着和尚原，为了拔除这颗钉子，兀术亲率主力来到和尚原。

吴玠听说兀术前来，倒也不怵，坐等他前来参加爬山活动。

兀术这回难得动了回脑子，他并没有马上发动进攻，而是在兜了一圈后，命令辎重部队缓缓向东行进，摆出了一副无计可施，被迫撤军的样子。

为了达到欺骗效果，兀术还四处宣扬，俺要回北方了，俺另有重要任务喽。释放完烟幕弹，他又命主力部队悄悄靠拢，就近埋伏起来。

真真假假，来来去去，兀术在和尚原下面演得满头大汗。

但是，折腾了一段时间后，兀术沮丧地发现，吴玠只是待在和尚原上看他的表演，根本不上套。

小子跟我要心眼，你还嫩点。

兀术好不容易安排一次演出，却受到了吴玠的无情嘲弄，彻底怒了。

得，还是对砍吧，我不装了！我摊牌了！

当时，兀术掌握着金军在西北的全部兵力，号称十万人，即便挤掉水分，也绝不下五万人。而吴玠手头的军队，满打满算，不足万人。

兀术从没打过这种富裕仗，他认为就算金军不擅长山地战，凭着一股猛劲儿，照样能够拿下和尚原。

十月十二日，兀术亲率主力来到和尚原下，以绝对优势的兵力发起围攻。

针对兀术的进攻，吴玠制订了诱敌深入、层层阻击的战术。他命弟弟吴璘带领弓弩手率先压阵，顶住金军的前三板斧。

为了迎接兀术，吴玠的军队配备了大量威力巨大、能够洞穿重甲的神臂弓，专门等候金军上门！

如果是在平地作战，金军凭借骑兵的灵活和速度，完全可以应付宋朝的弓弩手，但这回换成了山地仰攻，速度没了，灵活性没了，完全就成了宋军弓弩手的活靶子，几番攻击都被一阵箭雨射了回来。

兀术一计不成，又生一计，他在阵前搭了一座临时城堡，希望能借此和宋军对射，实现火力压制。但这种方式效果有限，金军的进攻依然处于被动状态。

金军越打越没脾气，宋军却越战越猛，吴玠把军队分成数组，犹如近代欧洲的火枪兵一样，轮番迭射，一点儿都不给金人留喘息的机会。

战斗从中午打到晚上，宋军扛住了金军三轮大规模攻击，自己的阵地尺寸未动。

兀术第一轮攻击无果，只好先把部队撤了下来。

吴玠见金军有退却的迹象，果断派轻骑兵尾随追击，又狠狠赚了一笔。

整整一天劳而无功，兀术气得牙痒痒，可还没等他缓过气来，又接到了一个更恶心的消息——粮道被掐断了。

原来，吴玠利用熟悉地形的优势，事先派人在道路一侧埋伏了一支军队，就等前方打得热闹的时候，冒出来偷袭金军的运粮部队。

兀术见形势不妙，只好下令回营休整，准备吃饭困觉，待第二天再想办法修理吴玠。

兀术想中场休息，吴玠却不干了。

正当金军烧锅做饭的时候，他们惊恐地发现，"好客"的吴玠来给他们"加餐"了！

夜色中，金营中的火光成了最好的目标指引，沿着山路赶过来的宋军弓弩手毫不客气地一通招呼，把金军射得鬼哭狼嚎。

倒大霉了，饭是吃不好了，那就先睡觉。

但当疲惫的金军刚刚进入梦乡时，吴玠又派人来"问候"了！

几支偷袭部队呼啸着冲下来，闯入金营一顿乱砍，杀得金军卷起铺盖乱窜。

饭也吃不香，觉也睡不好，加上后方粮道被抄，兀术终于服软，无奈地下达了全军撤退的命令。

想走，哪儿有那么容易？吴玠的目标可不仅仅是击退你而已！

正当金军排着一字长蛇阵，沿着山谷崖涧间的道路后撤时，吴玠吹响反击号角，下令全军发动反攻！

于是，山上乱石滚下，山间箭矢齐飞，毫无斗志的金军争相逃命、自相践踏。从大散关到和尚原，金军一路横尸数里，连兀术自己都被流矢所伤。

就在金军被打得毫无还手之力时，养精蓄锐的宋军骑兵迅速追杀过去，目标直指兀术。陷入重围的兀术在亲兵保护下拼死突围，直到凤翔方面的金军援兵赶来，他才侥幸得以脱身。

和尚原一战，宋军歼灭金军一万人，俘获三千人，连粘罕的女婿和侄儿都成了宋军的俘虏，使金军遭到了第一次惨重失败。

捷报传来，举朝一片欢呼，赵构特授吴玠为镇西军节度使。

宋朝终于一洗富平失败后的颓势，川陕危机得以缓解。

仙人关

兀术是个倒霉的孩子，作为知名度最高的金国将领，他的勇猛彪悍为大家所公认，但他的运气似乎一直不太行。

北宋末年，宋军战斗力极弱，那时，他跟着二哥斡离不混；南宋刚建立，宋军战斗力依然很弱，那时，他跟着三哥讹里朵混；现在宋军越打越强了，兀术被推到了前线。

兀术几乎是宋军最讨厌的敌人，但换个角度看，你又会发现，正是这个运气不好的家伙，几乎以一己之力成全了所有南宋中兴名将。

黄天荡一战，兀术最先成全了韩世忠。

接下来的日子里，吴玠、刘锜、岳飞都将开启吃饭、睡觉、打兀术的美好时光，踩着他的肩膀走上名将之路。

绍兴三年（1133）十一月，距离和尚原之战已经两年，兀术觉得自己腿又不抖了，决定再次找宋军切磋军事问题。

兀术信自己在哪里跌倒就能从哪里爬起来，他率军来到曾经的伤心地，在他身后，跟着十万大军。

可当兀术兴冲冲地赶到和尚原时，却发现，老对手吴玠搬家了！

原来，吴玠考虑到和尚原离蜀地太远，粮饷补充比较困难，于是主动放弃，退守到了一个新的地方——仙人关。

仙人关位于今甘肃徽县东南，是由陕西进入四川的要道。吴玠为了更好地组织立体防御，在关隘附近加修了几处前沿阵地，取名杀金坪！

绍兴四年（1134）二月，兀术沿陈仓古道南下，向仙人关杀来。

经历了上次的惨痛教训后，兀术同学克服了骄傲自满的毛病，一反常态，变得非常谦虚谨慎。

到达仙人关附近后，兀术认真地查看了周围地形，精心选择了一处地势较高的地方安营扎寨，以防自己莫名其妙再淋一场箭雨。

刚安营完毕，麾下一员猛将自告奋勇请战，被兀术狠狠批了一顿。猛将兄仍不听劝，一意孤行要去干架，气得兀术用刀背猛拍他的头盔。

你激动个头啊，给我消停点！

猛将兄被兀术搞得一脸蒙：不对啊，这不是你的风格啊！

他忙向兀术解释：“据我观察，吴玠的军队现在并未集结完毕，如果现在乘势冲一次，应该不会吃亏。”

兀术没有吭声，暗自摸了摸两年前的箭伤处，一声不吭地回了大营。

事后得知，当时吴玠的军队确实还处于分散状态，趁着兀术犹豫的那几天，才把军队紧急抽调过来。

难得谨慎一回，却帮了对手一个大忙，兀术差点儿没把肠子悔青。

二月底，战斗正式打响。

金军一上来就拿出了玩命的架势，他们先是利用人数优势向吴玠的主营发起正面冲击，见吴玠那里不好啃，又转头攻击弟弟吴璘驻守的杀金坪。

这回，金军进行了更充分的准备，连攻城用的云梯都带来了，架上去后，冒着箭矢往上爬。宋军也不客气，只要金人的云梯一附上垒壁，就用撞竿和长矛招呼。

战斗进行得很激烈，金军一度撼动了宋军的阵脚。此时，吴玠、吴璘兄弟宛如黑白无常附体。吴璘以刀画地，告诫全体将士：

要死也可以，只能死在自己的阵地上，有胆敢后退的，斩首示众

（死则死此，退者斩）！

将士们见识了比金军更可怕的吴家兄弟后，咬着牙撑过了第一波正面攻击。

半天过后，兀术改正面进攻为东西轮番进攻。他把军队分成东西两部分，自己指挥东军，爱将韩常指挥西军，轮番冲击杀金坪。吴璘驻守杀金坪的军队远少于金军，他的机动部队只能一会儿跑到东，一会儿跑到西，左右周旋，疲于应付。

几轮冲杀过后，宋军力战不支，最终还是被金军攻上杀金坪，失去了第一道防线。

这回兀术是真的成熟了，攻上杀金坪的消息一传来，他一点儿都没骄傲，反而下令停止进攻，巩固阵地，防备吴玠趁夜偷袭。

第二天，谦虚的兀术仍然没有向仙人关发动进攻，而是趴在窝里进行着紧张的准备工作。

要说战争真是个神奇的东西，竟然能让鲁莽狂放的兀术，变得如此细致讲究。

到了第三天，战火再次燃起。

兀术对仙人关发动全面进攻！

为了克制宋军的弓箭，金军将士这回都穿上了厚重的铠甲，而且彼此用铁钩相连，宛如一堵移动的铁墙，向宋军营地直挺挺地压来。

兀术的麾下，最精锐的部队就数人称"铁浮图"的重装骑兵。看来，他创造性地将重骑兵战术运用到了山地作战中，发明了重步兵集体冲锋战法。

重装铠甲确实大大遏制了宋军的箭矢威力，可有得必有失，穿上铠甲的金兵个个变成了体格臃肿的"笨狗熊"，行动笨拙，进攻速度极其缓慢。一路爬山之时，他们又遇到了宋军特地准备的鹿角（状如鹿角的障碍物）和木栅，吃足了苦头。

费尽九牛二虎之力，金军终于冲破路障，来到仙人关前，此时，他们人人气喘吁吁，已到强弩之末。

这个时候，在关内久候多时的吴玠令旗一挥，下达了反击的命令。

顿时，一群手持长枪、长刀、大斧的特种兵从关内蜂拥而出，杀气腾腾地朝金军奔来，这是吴玠为兀术专门准备的枪刀队！

在古代战争中，不同兵种间存在相克的情况，比如骑兵通常被看作步兵的克星，金国此前吊打宋朝，这是一个主要原因。为了让步兵能够反制骑兵，宋朝人也想了不少办法，比如组建专门使用长枪、长刀的步兵方阵，所谓"上砍骑兵、下砍马腿"，"一刀下去，人马俱碎"是也。

当然，以这种方式克制骑兵也有局限性，一则对战士的胆量素质要求很高，二则它只能用于防守，无法遏制骑兵的机动性。

话说回来，吴玠的枪刀队克骑兵未必有效，但砍几个行动不便者肯定没问题。金军经过前面的一番折腾，早就累得够呛，面对上有弓弩，下有长枪的阵势，伤亡极大。

第四天，兀术又想出了新花样，他把注意力转移到仙人关西北角一个角楼上，企图在此寻找突破口。负责防守角楼的宋军准备得也很充分，主将亲自带兵登楼死守，楼被打斜了，就用布帛绑一绑，重新拉直；金人来烧楼，宋军便把装满水的酒坛子一个个扔下去，砸人灭火两不误。

几天鏖战下来，尽管兀术想尽了招数，仍没占到半点便宜。此时，他又陷入了进退两难的境地。

第五日，吴玠主动发动反击，通过一场夜袭重新夺回了杀金坪。兀术失去前沿阵地后，下令全军后撤，从此，战场的主动权又回到宋军手中。

第六日，当金军尚在休整的时候，静谧的峡谷中突然火焰张天，周围的山岭被火光照得如同白昼，远处的战鼓声音隆隆作响，使大地也随之震颤抖动。

吴玠一声令下，宋军发起全面反攻。两支分挂紫旗和白旗的精锐骑兵冲入金营，纵横奔驰，杀得金人乱作一团，就连兀术的爱将韩常，也被宋军的箭矢射中左眼，身负重伤。

两军一直混战到黎明，最终金军力战不敌，仓皇败下阵来。兀术见大势已去，连忙烧毁营寨物资，全军撤退。

吴玠生怕兀术走得太寂寞，又是追击送别，又是骚扰拦截，直到金军四散溃败为止。

与此同时，吴玠趁机收复了凤、秦、陇等多个州县，抢回大量地盘。

仙人关一战，宋朝再次收获一场大胜。

经过仙人关一役，金国终于被打怕了。他们不得不痛苦地承认，只要有这个吴玠在，霸占川蜀的企图就不容易实现。

不久，西线金军开始收缩防线、屯田操练，和宋军进入长久对峙状态。

赵构获知仙人关大捷的消息，授吴玠为川陕宣抚副使，并将张浚调回朝廷。

从此，吴玠成为全权负责宋朝川陕地区事务的统帅，开启了吴家军在巴蜀地区的八十年统治时光。

第九章　精忠岳飞（一）

秦桧罢相

绍兴元年，当和尚原大捷的消息传来时，南宋朝廷无不欢欣鼓舞，有一个人例外——秦桧。

秦桧当上右相后，一心配合挞懒搞和谈，但粘罕和兀术仍然弄出一副非把南宋摁死不可的态势，如此一来，事情就不大好办了。

而且，秦桧也感觉到，赵构并未给予他完全的信任。

赵构确实想和谈，但他对金人既怕又恨，并不会轻易地放弃军事抵抗。所以，当秦桧提出"南自南，北自北"的建议后，赵构态度非常暧昧。"南自南，北自北"的建议也没有真正得到施行。

　　九月，也就是秦桧出任右相后仅仅一个月，赵构把吕颐浩叫了回来，出任左相，位在秦桧之前。

　　吕颐浩倾向于主战派，论资论功都远胜于秦桧，他的到来，让秦桧心中惴惴不安。

　　果然，吕颐浩对这位新冒出来的右相很不以为然，处处压他一头。两人合作没几个月，但互相小动作不断，最后还是赵构下令给两人做了分工：吕颐浩专治军旅，秦桧专理庶务。

　　一个管军事，一个管政务，在战时状态，那当然是吕颐浩权势大得多。

　　朝内的情况不如人意，外面的形势也不如秦桧所愿。

　　绍兴二年（1132）四月，金国内部发生了一次巨大的权力动荡。

　　建炎四年，金国一连死了两个重要人物，一个是前面说过的斡里衍，另一个比斡里衍还要紧——谙班勃极烈完颜斜也。

　　斜也一死，金国也遇到了令人头痛的皇位继承人问题。当时，能够角逐皇储之位的人，一共有三个。

　　头号候选人是斡本。按照兄终弟及的方案，阿骨打传给吴乞买，吴乞买再传给斜也，现在斜也没福气享受，再传回给阿骨打的长子斡本，道理上也说得通。这个方案倒和赵匡胤老娘昭宪太后的金匮之盟很相似。老太太绝对不会想到，一百多年后，还会遇到一个外国知音。

　　二号候选人是叫蒲鲁虎（汉名完颜宗磐）。蒲鲁虎是皇帝吴乞买的嫡长子，父死子继，那是封建王朝最传统的传承方式，金国当时正在加速汉化，这么做，也说得过去。而在吴乞买的内心，可能更中意这个方案。

三号候选人是粘罕。粘罕怎么也有资格插一杠子呢？只因女真人脱离原始的部落联盟制不久，那种几位勃极烈公推首领的制度仍残存在大家的记忆中。在粘罕看来，都是完颜氏的子孙，谁瞧不起谁啊？何况自己手里还掌握着最强大的军权。

《三朝北盟会编》中记载过这样一件不可思议的事情：金国曾设置了专门用来储藏钱财的府库，几位掌权大佬共同发誓，表示这些钱将来只用于开展军事行动。可是，吴乞买有一次手痒没忍住，私自挪用了一点库中的钱财。粘罕等几位勃极烈知道后，不干了，坚持要按照女真人的规矩惩处吴乞买。于是，大家一起把吴乞买架下宝座，象征性地打了二十下屁股。事后吴乞买居然也没怎么生气。

此情此景，在汉人官僚看来，肯定如同天方夜谭。

吴乞买手头只有一块蛋糕，三个人都想要，那怎么分？为此，吴乞买迟迟拿不定主意，一筹莫展。

最后，有人给吴乞买出了个主意，既然分不匀，那就谁都别想当，咱们再找一个新人——完颜亶。

完颜亶是完颜宗峻的嫡长子，当时还只有十四岁。

完颜宗峻是阿骨打的第五个儿子，但他却拥有最尊贵的嫡长子身份（斡本只是庶长子），只可惜死得比较早，如果他还在，估计金国朝廷里面会更热闹一些。

总而言之，小亶是阿骨打的嫡长孙，根正苗红的皇三代。

　　这个和稀泥方案一提出，斡本、蒲鲁虎、粘罕都打起了小算盘，最后纷纷表示认可。

　　斡本最先同意这个方案。当时，女真人仍有"兄死则妻其嫂"的婚俗，斡本是完颜亶的伯父，完颜亶的父亲完颜宗峻死后，他已经娶完颜亶的母亲为妻。如此一来，完颜亶便成了斡本的养子。所以，在斡本看来，自己的儿子当皇帝，跟自己当皇帝也差不多。

　　粘罕在竞争皇储方面最缺乏说服力，他最担心蒲鲁虎继承皇位，现在蒲鲁虎没当上皇储，完颜亶看上去又比较好欺负，对巩固自己的权位有利，所以他也投了赞成票。

　　蒲鲁虎的资历不如斡本和粘罕，既然他们都同意，他也不好说什么。

　　确定皇储后，吴乞买也没忘记安抚三位候选人，他加封蒲鲁虎、斡本、粘罕为最有地位的三个勃极烈。同时，粘罕还继任了斜也的都元帅一职。

　　蛋糕分完，吴乞买可算舒了口气。

　　这个蛋糕分配方案也充分说明，在玩弄权力方面，女真人已经深得宋人真传，甚至青出于蓝而胜于蓝。

　　金廷依然被主战派所主导，自己的主子挞懒还没有挤进最高权力层，这对秦桧来说，肯定不是什么好消息。

　　而令秦桧糟心的事情还不止这么一件，那个刚建立起来的伪齐上蹿下跳，也来给他添堵。

刘豫称帝以后，工作积极性很高，他不但想壮大自身实力，还积极准备南下和赵构较量一番。

在这里，刘豫也有自己的一副小算盘。

自从成为"张邦昌"第二后，他在宋朝君臣的心目中，肯定比金人还要可恨。即便是在金国国内，很多人也看刘豫不顺眼，一些辽国降臣累死累活替金国打工，最后也就得了一官半职，这个猥琐的宋朝官员，怎么就当上皇帝了呢？同工不同酬啊！

因此，刘豫必须有所表现才能巩固地位。

好在粘罕非常支持刘豫，富平之战后，粘罕大手一挥，把刚抢来的陕西六路划入了伪齐疆域。这样一来，金国等于把黄河以南的统治区都交给了刘豫打理。

刘豫得到粘罕的大笔风投后，开始疯狂地扩张军队，他在统治区内推行签军法，强征壮丁入伍，仅儿子刘麟的"皇太子府军"，便拼凑出了一支多达十万人的军队。

找金人拉赞助，强征壮丁之类都是常规举措，为了在短时间内挖掘自身潜力，刘豫敢想敢干，做了两件富有创新精神的事情。

第一件事是招降纳叛。作为一个为人不齿的叛臣，刘豫深知物以类聚的道理。立国后不久，他便在宿州（今安徽宿州）设置了"归受馆"，专门用来招纳从南宋逃亡过来的人。此时的刘豫，在吸纳"人才"方面显示出了博大的胸怀，几乎到了来者不拒的程度。

打了败仗后的散兵游勇，我收。

没饭吃的土匪强盗流民，我收。

在南宋朝廷混得不如意的官员，我收。

被南宋正规军赶得没处躲的游寇，大大欢迎！

一时间，刘豫的麾下，"群英荟萃"，豺狼满窝。

刘豫干的另一件事情更加龌龊——刨坟。

打仗既需要人，也需要钱，刘豫干这种缺德事，主要是为了解决财政危机。

都说"匪过如梳，兵过如篦，官过如剃"，刘豫盘踞的中原，经过那么多年的战火，早就没有了可供挖掘的财源。活人身上没办法，刘豫就把主意打到了死人身上，他别出心裁地设置了一个叫"淘沙官"的职位，专门负责发掘坟墓，然后获取死人的陪葬品。

在中国盗墓史上，一直有曹操设立"摸金校尉"的说法。可刘豫比曹操牛多了，"摸金校尉"是摆不上台面的，曹操自己也不认，"淘沙官"却是刘豫官方认定的"国家盗墓办公室主任"。

在淘沙官的努力下，中原地区，无论是民间富户，还是赵宋皇陵，统统被翻了个底朝天。

绍兴二年四月，刘豫把首府从大名府迁移到了开封，为南下进攻做好准备。

就这样，秦桧任相后的一年里，金人在川陕地区的军事进攻愈演愈烈，伪齐刘豫大有举兵南下的意思，反观之，议和的事情一直没有眉目。赵构对秦桧的态度也由喜悦到期望，到怀疑，到不满，到失望，直至变得厌烦。

绍兴二年八月，吕颐浩等人看准时机，翻出了秦桧拉帮结派、结党营私的破事，狠狠参了他一本。赵构顺水推舟，免去秦桧的相位，罢为观文殿大学士、提举江州太平观。

赶走秦桧后，赵构还不忘愤愤地说了一句：

"秦桧言南人归南，北人归北，朕是北人，将安归？"

对啊，南自南，北自北，你自己倒是江宁人，朕可是标准的开封人。难不成我也要回到北方去？

秦桧的第一次入朝经历给赵构留下了很差的印象，他被贬出朝廷后，赵构还专门立榜朝堂，表示对他永不叙用（终不复用）。

又过一个月，秦桧连观文殿大学士的职名也被拿走了，只剩下了一个散官头衔。

南归不到两年，秦桧由闲人而宰相，又由宰相变回闲人。照目前态势，秦桧别说东山再起，恐怕他想重新捞一个官做做，都已不大可能了。

平群寇

应该说，从建炎四年到绍兴初年，中华大地上的政治博弈非常复杂，甚至比北宋末年辽、宋、金三国斗法还要乱。

这段时间里，金国的高层在斗，南宋小朝廷内部在斗，金国和南宋一边眉来眼去，一边又在西线大打出手，此外，还有一个刘豫充当搅屎棍。最麻烦的是，这些神仙打架事件又不是孤立的，他们还会相互交叉影响、互为因果。

拂去朝堂和战场上的硝烟，我们会发现，当一众神仙你方唱罢我登场时，有一个主角却已经脱离大家的视线很久了。

岳飞呢？岳飞在忙什么？

很遗憾，此时的岳飞还没有站到舞台的中央，自建炎四年末到绍兴四年，这三年多的时间里，他只忙活了一件事——征寇。

长期以来，遍及各地的游寇集团是困扰南宋朝廷的一大难题。有人做过统计，从北宋末年到南宋绍兴五年（1135）的近十年时间里，催生了大约两百个大大小小的游寇集团。这些由溃兵败将组成的游寇集团，严重影响了南宋小朝廷在江南的统治秩序。

当金军把主要精力转到西线的时候，南宋朝廷才得以腾出精力，收拾这些独立的小王国。

岳飞接到的第一个任务是征讨江州（今江西九江）的李成。

李成，字伯友，雄州归信县（今河北雄县）人。这位老兄是游寇集团的明星人物，名气大到连赵构都有所耳闻。

早年，李成曾当过宋军的弓手，以力大无穷著称，相传他能开弓三百石（与岳飞同级别），耍两把各七斤重的大刀，打起仗来勇悍无比。

建炎初年，李成带着聚起的几千人马投奔了赵构，干了一段时间后，他碰到了一个道士。道士替李成相了一次面，声称他有"割据之相"，可以到四川去做个西蜀霸王。李成听了道士的话后，虽没有跑去四川，但再也没心思当打工仔，天天想着自主创业（叛乱）。

建炎三年，李成被刘光世打败，一把大刀成了宋军战利品，替他相面的道士也当了俘虏。赵构看到李成的大刀，觉得李成是个人才，希望能将他招降。于是，李成一转身，又变成了宋朝的舒、蕲镇抚使。

至于那个喜欢看相的道士，运气就没那么好了，就因为当年多嘴了几句，掉了脑袋。

李成接受招安后并不安分，很快重操旧业。建炎四年，兀术帮助赵构完成"海上度假"后又撤了回去，李成趁机占据了江淮间十个州，拥兵数万。有了本钱后，他一面继续找神棍吹捧自己"天生异相"，一边接着抢地盘，想着有朝一日要"席卷东南"。

建炎四年底，南宋朝廷见李成闹得太厉害，决定派一支正规军去收拾一下。

赵构一开始想让刘光世出马，刘光世见李成已经做大，怕敌不过，找借口推托了。赵构接着又想到了张俊，张俊一听，也有点怂，这回赵构不乐意了，虎着脸说："现在的这些将领中，只有你还没立功呢！"

张俊见老大把话说到这个份儿上，不敢再推托，硬着头皮接下了江淮招讨使的职务。张俊接下任务后，认为光靠自己的本部人马不够，摊开双手向赵构要兵要粮，赵构便将附近的几支部队划归他指挥，岳飞即是其中一支。

绍兴元年初，李成达到了创业黄金期，他已经从淮南西路一路杀进了江南西路，目标直指江南西路首府洪州（今江西南昌）。

张俊凑够人头后，也来到了洪州地界。他见叛军在章水（今赣江之西源，在江西省西南部）西岸背山扎营，便把自己的军营设在了章水东岸，形成隔江对峙之势。

至于对峙以后怎么办，张俊没想过，想也想不出来。

这就好比学渣做数学试卷，望着天书一般的题目，痛苦地写上一个"解"字和一个冒号，然后咬着笔杆再也想不出其他法子。

趁着张俊发呆的时候，李成一点也没闲着，他分兵南下，攻下位于洪州西南方向的筠州（今江西高安）和临江军（今江西樟树），把那里当作自己的后勤补给基地。李成见对岸的张俊比较差劲，还派人送来约战书挑衅。

张俊不敢应战，又不好意思认怂，只能随便应付一下。好在熬到三月后，他终于等来了一个好消息——岳飞来了。

此前，岳飞的部队屯驻在江阴，他安顿好军中事务，才急急忙忙赶来和张俊会合。

岳飞向张俊报到后，非常纳闷，你来了那么久，怎么只顾着在江边吹冷风，啥都没干？

张俊心里也很纳闷：你看我干什么，我脸上又没有答案，调你过来，不就是为了让我抄作业吗？

岳学霸了解了张学渣所遇到的难题后，拍着胸脯表示："简单，贼军贪婪，往往顾前不顾后，我只要带三千骑兵，从章水上游渡河，先突击他，然后你率大军跟进，肯定能一次性搞定。"

张俊一听，学霸不但自带答案，还愿意带头工作，太棒了，爽快一挥手：你看着办吧。

有了张俊的授权，岳飞编剧、导演、主演一肩挑起，马上带着三千轻骑兵沿江而上。

岳飞的判断没错，李成的沿江岗哨主要分布在下游与宋军对峙的地区，上游全成了防守盲区。岳飞在上游一个叫生米渡的地方涉水渡江，突然来到敌军跟前。

　　岳飞的出现把叛军吓了个够呛，李成麾下的第一猛将马进连忙点兵迎战，双方在一个叫玉隆观的地方斗了几回合。马进搞不清状况，只是觉得这股朝廷军队有点生猛，于是转头向筠州跑路。跑着跑着，马进觉得有点不对劲，他发觉后面的追兵人数其实要远远比自己少。

　　不对啊，跑路的应该是他啊。猛将马进感觉自己受到了欺骗，果断拨转马头，组织反扑。岳飞也不客气，张弓搭箭，射落了一名跑在最前面的先锋。

　　马进瞅瞅变成移动靶的锋将，又觉得面子还是没有小命重要，连忙再次转头，接着奔向筠州。

　　马进一溜烟跑进了筠州城，城门一关，打算喘口气再说。紧接着，岳飞跟到了城外，不一会儿，负责抄作业的张俊也率主力赶来了。

　　现在咋办呢？岳飞思考着下一步应对策略。

　　是啊，现在咋办呢？张俊扭头看向岳飞，准备继续抄答案。

　　为了让马进早点出来，岳飞特意准备了几杆大旗帜，上面绣着明晃晃的"岳"字，然后亲率二百名骑兵在城下挑战。

　　马进觉得此前败给岳飞，全因不小心遭了偷袭，现在真刀真枪地干，未必会输，于是便领着大军出城搏斗。岳飞见马进那么上路，便好心地把他领进了设好的伏击圈……大战过后，马进老本亏光，仅投降和被俘的就达八千人！

　　马进被岳飞欺负了两回，没鼻子没脸地跑回了李成驻守的大本营江州。李成看到小弟被欺负，很生气，告诉马进：你给我在江州待着，哥替你去报仇！

李成亲自提兵从江州反扑，但是遇到岳飞后，他的结果还不如马进，一路被追着打不说，后来连大本营江州也弄丢了。最后，李成在宋军的穷追猛打下，丢掉了原先占领的所有州县。

自此，李成打消了割据称王的念头，北上投靠了刘豫。

讨平李成后，朝廷见岳飞这么能干，把他当成了平寇专业户，给他派发的任务单一个接着一个。

岳飞任劳任怨，率军转战江西南部、湖南南部、广西北部，往返奔波数千里，相继平定了张用、曹成这两支困扰朝廷多年的游寇队伍。除了亲自打怪升级外，岳飞还调兵遣将四处灭火，什么征剿土匪、平息兵变、追击游寇残部等等，脏活累活干了十余件，成了名副其实的南宋"最佳消防员"。

值得一书的是，当岳飞靠着战功声名鹊起之时，他麾下的岳家军也逐渐为民众所熟知。

岳家军的威望，除了凭借战功，更依赖过硬的军纪。

军纪这种事情，说起来容易，真要做好却极难，尤其是在队伍越来越庞大，军队四处转战播迁的时候。

当时，因为统治秩序还没正常化，南宋朝廷对军队的约束力非常有限，军队骚扰百姓的事情司空见惯。正所谓，打了胜仗要靠劫掠维系士气，打了败仗要靠劫掠平息怨愤。据说，当时宋朝军队中，纵暴记录最多的便是张俊军，人称"自在军"。

所谓"自在军"，便是想怎么玩就怎么玩的军队。

很多时候，在普通宋朝百姓眼里，那些朝廷军队，其实和游寇、土匪也差不了多少。百姓只能以恐惧的眼神迎接一支支军队的进驻、过境，每到大军来时，家家闭户，处处停市，以免遭受骚扰。

然而，正是在那个混乱的年代，岳家军却成了一个令人瞩目的异类。岳家军军纪的执行严苛到了每一个细节：如果踩踏庄稼，强买货物，必斩；如果取人钱财，必斩；如果借住民房，临行前必须替主人洒扫整洁；如果借用民户炊食器皿，必须洗涤干净送还……一条一规，严明如山。

岳飞执行军纪，最重身体力行，即便亲舅舅违反军纪骚扰了百姓，照样予以处斩。主帅如此，自然人人不敢造次。因此，岳家军所过之处，秋毫无犯。

"冻杀不拆屋，饿杀不打房。"是为岳家军！

朝　见

绍兴三年七月，岳飞刚完成平定江南匪寇的任务，便接到了朝廷的诏令，命他速去临安府，觐见皇帝赵构。

自绍兴二年正月起，赵构把"行在"从越州迁移回了临安府。在搬走前，越州知州特向赵构申请，将"绍兴"这个年号留下来作为地名，从此越州升格成绍兴府，名称一直沿用至今。

接到诏令后，岳飞带着长子岳云，从江州赶往临安。

　　赵构在相州成立大元帅府的时候，岳飞就是元帅府军队中的一员。那个时候，他和赵构的关系，类似于当年的狄青和仁宗赵祯，岳飞看赵构只是一个抽象的符号，赵构则根本不可能知道这位宋兵甲。收复建康后，赵构对岳飞开始有所耳闻，但也仅仅停留在奏疏上的印象。

　　如今，岳飞凭借征剿游寇方面的抢眼表现，一跃成为宋朝最闪耀的将星之一，赵构也非常想见一见这位军界的后起之秀，并借机加以笼络。

　　临行前，岳飞心中也有过不少疑虑：如果朝廷要予以褒奖，只要一纸诏书即可，不用如此兴师动众。而朝廷要求他赶赴临安的命令又来得非常急迫，似乎是要安排什么重要军务。但是，若是安排军务，又何劳皇帝亲自下令，又为什么要求带着儿子岳云前去？

　　九月九日，岳飞抵达临安。

　　九月十三日，岳飞带着心中的疑团，第一次入宫面圣。

　　在内侍的引导下，岳飞和长子岳云见到了皇帝赵构。相比于战场上的从容，岳飞觉得宫里的一切都那么陌生，虽然平日见惯了刀光剑影，可这里的氛围还是让他不由得拘谨起来。

　　尽管岳飞在来前做了无数猜想，但真的面圣后，他却发现，自己此前的疑虑似乎都是多余的。

　　整个朝见过程，赵构只是礼节性地询问了岳飞的治军事宜，大部分时间都是不吝言辞地对他夸赞褒扬。朝见后，赵构当即命内侍宣读了朝廷的丰厚恩赏：赐岳飞金线战袍、金带、手刀、银缠枪、海皮鞍各一件，衣甲、马铠、弓箭各一副；赐岳云弓箭一副，战袍、银缠枪各一件，特授岳云正九品保义郎、阁门祗候；另拨白银二千两，用于犒赏将士。

除此之外，岳飞还得到了赵构特赐的一面锦旗，上面绣有赵构亲笔手书的"精忠岳飞"四字！赵构还特别叮嘱岳飞，在行军时，务必将此旗高高竖起。

岳飞的第一次朝见从表扬中开始，在表扬中结束，看起来非常和谐。

然而，就在这一片和谐旋律中，还是出现了一个不愉快的小插曲。

岳飞借着朝见皇帝，委婉地表露了自己对时局的看法。岳飞认为，现在匪寇渐渐平息，朝廷应该把更多精力放到抵抗金军、收复失地之上。尤其是刚建立的伪齐，正在荆湖北路和京西南路（今湖北地区）一带蠢蠢欲动，那个投靠伪齐的李成，现在成了刘豫手下的猛将，成为朝廷的一大祸患。

没想到，赵构却领会错了岳飞的意思，他对讨伐伪齐的话题毫无兴趣，却对李成那把七斤重的大刀念念不忘。听了岳飞慷慨激昂的讲述，他竟然让岳飞想办法再去争取一下李成，甚至表态："如李成愿意回头，我可以封他为节度使（朕当以节度使待之）。"

听了赵构的话，岳飞不觉面色一沉。自己从普通士卒干起，南北转战八年，立下汗马功劳，现在仍不过是个从五品的遥郡承宣使，而那个反复无常的李成，却只要再受一次招安，便可轻易捞一个从二品节度使！

论德，论勇，岳飞都对李成充满蔑视，听到赵构如此看重一个叛将，他嘴上虽没说什么，脸上却露出了不屑的表情。

朝见过后，赵构也察觉到自己在李成问题上有所失言，便在评定岳飞新职衔的时候，刻意越级提拔。事后，岳飞被任命为镇南军承宣使、神武后军统制。镇南军承宣使属于正四品的正任承宣使，对比之前的职衔，岳飞这回连擢了八阶！

不过，相比于代表品级的官衔，岳飞更在乎具有实质意义的实职差遣。

岳飞被安排的实职差遣很长——江南西路、舒蕲州制置使。

江南西路主要位于现在的江西一带，舒州（今安徽潜山）、蕲（qí）州（今湖北蕲春县）则位于淮南西路辖区，靠近伪齐地界。按照朝廷的意图，岳飞的辖区横跨长江北岸，连接中原腹地，方圆达数百里。

较之以往，有一点区别更加重要。此前岳飞担任镇抚使时，先后拨归刘光世、张俊管辖，现在朝廷特命岳飞在江州独立建置帅府。也就是说，从绍兴三年起，三十岁的岳飞开始和张俊、刘光世、韩世忠并列，成为一员独当一面的大将。

彼时，张俊四十七岁，刘光世四十四岁，韩世忠四十四岁，而岳飞，年仅三十岁。

朝见完毕后，岳飞从临安启程回驻地江州。

在江州仅仅待了三个月，他又接到了一项更加艰巨的任务。

主动请缨

刘豫一直以灭南宋为己任，心情比粘罕、兀术还要迫切。

赵构对刘豫的态度比较矛盾，从内心深处讲，这个刨自家祖坟的叛臣肯定让他咬牙切齿，恨不得拿他的骨头当柴烧。可碍于金人的威慑力，赵构明面上又不敢太得罪刘豫。所以，当伪齐刚刚建立的时候，他默认了对方的合法性，恭恭敬敬地称其为"大齐"。

主动打刘豫不行，看着他日益做大也不行。为此，南宋朝廷玩了一次"以毒攻毒"的把戏。

所谓"以毒攻毒"，就是派几个镇抚使对伪齐开展一下局部反攻。

关于镇抚使的性质，岳飞就任通泰镇抚使的时候，我们已经讲过了。在朝廷眼里，那群人就是些浓缩版的"伪齐"，让他们互相争斗也好，打赢了是意外，打输了除内乱。

绍兴二年，宋朝安排襄阳镇抚使桑仲和河南府孟汝唐州镇抚使翟兴前去讨伐伪齐。

桑仲其实是个彻头彻尾的小军阀，他本是杜充手下一员战将，曾和岳飞共事过。再后来，桑仲和岳飞走上两条完全相反的道路，岳飞一心跟着朝廷抗金，桑仲却任意屠戮朝廷官员，四处抢夺地盘，想着做一方土豪。

桑仲形成气候后被朝廷封为襄阳镇抚使，当上镇抚使的桑仲依然不老实，总想着往西攻入四川，梦想当一回宋朝版"孟昶"。

翟兴要比桑仲正面很多，他曾为宋军普通一员，金人来犯的时候，召集族人、乡人自发抵抗金军，形成规模后被朝廷授予镇抚使一职。

桑仲和翟兴的运气很差，两人脚还没迈出自己地面，就被刘豫收买的部将给杀掉了，反攻一事转眼胎死腹中。

绍兴三年，桑仲的部将李横接任襄阳镇抚使一职。李横确实很横，接过桑仲的接力棒后，找到了翟兴的儿子翟琮，两人决定合伙去找刘豫算账。

李横刚起兵的时候很顺利，行动得到了很多北方起义者的响应，一度收复河南重镇颍昌府（河南许昌），兵锋直逼开封。

刘豫一看情况不对，连忙向金军呼叫支援。劳动模范兀术再次出场，他不顾和尚原留下的心理创伤，拍马赶来救援。

李横一看情况不对，连忙向宋军呼叫支援，可惜宋军里面少有劳模，听到李横的喊叫，眼皮都没抬一下。

结果，李横在刘豫和兀术的夹击下败退下来，不但把收复的城池吐了出来，还连带把自己的地盘也搭了进去。

得知李横失利，赵构连忙派人出使伪齐和金国，希望大家有事好商量，别再动刀动枪了。

接着，金国也派使者到了临安，他们带来了粘罕的答复——停战可以，答应三个条件：凡是宋朝俘获的齐国军民，一律归还；凡在南宋境内的西北地区士民，一律遣返；宋、齐两国划长江为界，江北之地全部归刘豫管辖。

开玩笑，听了这样的条件，即使连赵构也直皱眉头。按照粘罕的意思，不仅原来的地盘要不回来，江淮地区的大片土地还要再让出来，再割下去，难不成明年还要到海上去过春节？

双方谈不拢，刘豫和金国就继续进攻。

经过半年折腾，南宋的襄阳府（今湖北襄阳）、邓州（今河南邓州）、随州（今湖北随州）、唐州（今河南唐河县）、郢州（今湖北钟祥）、信阳军（今河南信阳）等六个重要的州府相继陷落。

史称，襄阳六郡尽失！

襄阳六郡属于宋朝京西南路，位于汉水（长江支流）上游，往西可溯江而上进川蜀，往东可顺流而下威胁建康、临安。这地方一丢，相当于在长江防线的中部撕开了一个大口子。

事情的糟糕状况还不止这些，刘豫占领襄阳六郡后，还派人和洞庭湖地区的一支割据武装取得了联系，双方约定，等到来年六月麦熟的时候，共同努力，联手把南宋小朝廷给灭了。

关于盘踞在洞庭湖地区的这支军队，我们接下去还要介绍，这里就不再啰唆，大家只要知道，那是一支实力非常雄厚的武装力量。

从地理上看，李横弄丢的京西南路位于宋朝荆湖北路以北，洞庭湖则位于荆湖北路以南，两边如果南北夹击，南宋可就不是被撕开一个小口子那么简单了，简直是要被当中踹开一个大窟窿。

如果情况再悲观点，荆湖北路以下，那就是荆湖南路、广南西路……推演下去，赵构仅剩的半壁江山，又要被劈成两半了。

这可不是我危言耸听，人家刘豫和合作方想得更远，他们连胜利后会师东向（前去浙中会合），一起瓜分赵构家当（建国通和）的蓝图都规划好了。

面对不断加剧的危机，赵构和他的臣子们叫苦不迭。看样子，不派一个狠角色过去，事情是摆不平了。

依现在的形势，谁愿意去收拾这个烂摊子呢？

绍兴四年二月，正当赵构和宰执大臣们抓耳挠腮的时候，一份来自江州（今江西九江）的奏章呈递上来。

镇南军承宣使，江南西路、舒蕲州制置使，神武后军统制岳飞上《乞复襄阳札子》。

岳飞的这份奏章，不到两百个字，其中没有半句废话，核心意思是说：

"如今的情况，应当马上向襄阳进兵，先取襄阳六郡（正当进兵襄阳，先取六郡）……然后再收拾洞庭湖那帮盗匪（加兵湖湘，以殄群盗）……我现在已经整顿好兵马（臣今已厉兵饬士），只等朝廷允准，我就立刻提兵北上（惟俟报可，指期北向）！"

作战步骤已经想好，兵马已经整装待发，就等朝廷一句话了。

岳飞的果敢担当引来了朝野上下的赞誉，热锅上的宰执们一拿到岳飞的奏章，高兴得老泪纵横。

太好了，终于有人主动站出来背锅了。那还说什么，就是你了！

赵构虽然有点不靠谱，但性命攸关的事情他还是懂的。这回，他对岳飞的军事行动给予了前所未有的支持。

首先，岳飞的头衔又要增加了，按照宋朝奇特的官位命名法，岳飞的身上又添加了兼荆南鄂岳州制置使和兼黄复州汉阳军德安府制置使的实职差遣。

这些让人眼花缭乱的头衔，大家大可不必费心去记，你只要明白一点，作为荆湖北路的前沿统帅，朝廷已经把近三个省的地盘划到了岳飞的名下，辖区内的几处镇抚使司兵马，均受岳飞节制。

其次，朝廷划拨了六万石的粮食，四十万贯的军需费，二十万贯的赏军钱，由户部派专人为岳飞筹措。为了防止那些地方官推诿扯皮，赵构亲笔下诏给附近的府州军监，告诉他们，谁怠慢了军需供应，有你好看的！

再次，赵构下令韩世忠、刘光世在各自防区内出兵策应，对岳飞进行声援。这些官位、资历远高于岳飞的一方统帅，这回也只能给岳飞当配角。

最后，封官许愿的时刻到了。

赵构派右相朱胜非告诉岳飞：只要这回旗开得胜，将特授岳飞为节度使！

关于这最后一条，岳飞倒不是十分在意，面对一脸诚恳的朱胜非，他斩钉截铁地回道："岳飞可以用忠义来激励，不能以利益驱使（可以义责，不可以利驱）。收复襄阳，是皇上的差遣，如果大功告成而不授节度使，我就坐视不顾了吗？拿下一座城池而授予一个官爵的做法，可以用来对待常人，绝不是用来对待国士的办法。"

岳飞字字铿锵，把朱胜非生生又感动了一回。

话说回来，赵构缘何对此次进兵如此重视？

如果你前溯历史就会发现，赵构自跑到江南以来，每次调兵遣将，都只针对那些匪寇而已，对于金国或其傀儡政权，一般都是被动反击，极少主动出兵惹事，唯恐引来金军的报复。

这不，黄天荡是阻击战，和尚原以及刚刚结束的仙人关，是纯粹的防守战。富平之战倒可算是主动出击，结果大家也看到了。

同理，如果岳飞此行失利，势必招来金国和伪齐更大规模的进攻。

所以说，收复襄阳六郡，是赵构和南宋朝廷被逼到墙角后的一次战术主动。

唯有赢得这次战役，赵构的小朝廷才能重新续命。

当然，赵构的想法，也仅限于为小朝廷续命而已。

在授命岳飞行动之际，朝廷婆婆妈妈地对岳飞一再告诫：此次行动，目标仅限于收复襄阳六郡，只要把敌人赶出境，就不得深入追击（不须远追），更不允许喊什么北伐、收复失地之类的口号（亦不得张皇事势，夸大过当，或称提兵北伐，或言收复汴京之类）。

赵构甚至亲自叮嘱岳飞，务必遵守号令，不要贪功越界，否则，即使立下大功，照样要加以处罚（虽立奇功，必加尔罚）。

岳飞还未出发，头上已经被套了一个大大的紧箍咒。

听到赵构和朝廷的限令，岳飞心中虽有些许遗憾，但一想到能够提兵北上，他还是感到热血涌动、激情满怀。

他忘不了金兵铁蹄下的一幕幕惨剧，他也没忘记，宗泽临终前的呐喊。

现在，是洗刷耻辱的时候了！

绍兴四年四月，岳家军主力从江州移驻鄂州，又自鄂州陆续渡过长江，旌旗直指郢州。旌旗上，"精忠岳飞"四字，光耀夺目。

军队行至江心，岳飞北望故国山河，拔剑击水，慷慨立誓：

"飞不擒贼帅，复旧境，不涉此江！"

第十章　精忠岳飞（二）

收复六郡

岳飞此次率师北伐，手头的兵力满打满算也就三万五千左右，如果去掉刚划拨给他的一些杂牌军，有战斗力的也就两万五千人马。交战双方，无论是赵构，还是刘豫，都认为这必将是一场艰苦卓绝的拉锯战。

然而，岳飞刚投入战场，便以神奇的表现震惊了所有人。

绍兴四年五月五日，岳飞率精锐兵马狂飙突进，来到最南端的郢州，城内伪齐守军多达一万余人。

由于岳飞的行军速度太快，导致粮草供应短缺，属下告诉岳飞：

大帅，咱们太生猛也不行啊，你看，现在随带的军粮只够吃两餐饭了。

岳飞充满信心地表示，放心，够吃了。

五月六日晨，岳飞搬把椅子坐到城下，命令全军擂鼓攻城。

六日中午，郢州城破，岳家军歼敌七千，伪齐郢州守将自杀。

襄阳六郡，收回一郡。

两顿饭的工夫，正好！

拿下郢州后，岳飞兵分两路，命大将张宪率军进攻东北方向的随州，自己亲率主力猛扑西北方向的襄阳府。伪齐驻守襄阳府的大将，乃是岳飞的“老朋友”李成。

李成没料到岳飞进军如此神速，连热身运动都还没做好，他想起自己在洪州的痛苦经历，再看看郢州一日城破的教训，果断做出了最明智的选择——逃跑。

五月十七日，岳飞兵不血刃攻取襄阳。

襄阳六郡，收回两郡。

核心的襄阳城轻松得手，张宪等人偏师攻取的随州反而遇到了一点麻烦，岳飞麾下的另一员猛将牛皋自告奋勇前去支援，牛皋也学岳飞轻装上阵，只带了三天的口粮。

事实证明，牛皋的自信心比岳飞还是稍稍差了一点。

五月十八日，牛皋的粮食才吃了一天，随州城告破，岳家军歼敌五千，俘获伪齐随州知州，押赴襄阳处斩。

襄阳六郡，收回三郡。

岳飞的闪击战彻底惊醒了刘豫的美梦，面对雪片一样飞来的战报，他急忙调度各方兵力，驰援襄阳战场。为了挡住岳飞，他不但征调了境内的大量兵力，还觍着脸向金国告急，希望金主子能够再施援手。

刘豫把拼凑到的军队全部交给了李成，对外号称三十万，命他迅速进行反扑。

六月六日，李成在襄江（汉水河段）边列阵寻求决战。岳家军中众将斗志高昂，纷纷请战出击。

岳飞微笑着摆摆手，慢着，大家先别急，咱们先分析分析他的阵列。

岳飞指着李成的阵型，对属下将士说道："这家伙几次败在我的手下，我觉得他经历的教训也够多了，应该长点记性，现在看来水平还是那么差。你看看他的阵列，步兵列阵，要尽量找有险阻的地方，骑兵列阵，应该尽量找地势平坦的地方。李成把左边的骑兵放在泥泞的江岸边，把右边的步兵放在平地上，就算他号称有三十万人，又有什么用？"

此时，岳飞变成了带着实习医生查房的老医师，兴致勃勃地开启了实地教学模式。在他看来，要碰到一次如此宝贵的现场教学机会也不容易，马上把李成打残了怪可惜的。

分析完毕后，岳飞命大将王贵以长枪步兵攻击李成的骑兵，又命牛皋带骑兵攻击李成的步兵。

李成的军队本是临时拼凑，怎经得起两员猛将的冲击，没哼唧几声，便散了架，李成孤身连夜逃了回去。

至此，开战一个月，岳飞击溃伪齐主力，收回三郡，初战告捷。

　　刘豫急成了热锅上的蚂蚁，只知道连续拨打金国求救热线。让他备感郁闷的是，这回金军的积极性似乎也不高。

　　这其实也怨不得谁，人家的主力部队刚在仙人关吃了败仗，元气还没恢复呢。再者，时值六月酷暑，习惯寒冷环境的金军很不适应，加班积极性不高。

　　在刘豫的再三请求下，金国勉强派出了一个不知名的武将前来应付，具体多少人，史书上也没说，估计也多不到哪里去。

　　伪齐军和金军会合后，在邓州西北扎营，静候岳飞上门。

　　一群乌合之众，也就唬唬胆小鬼，对于岳飞而言，金军的到来，除了进一步激发他的作战积极性，其他没什么区别。

　　七月十五日，岳飞率军抵达邓州城外，同数万金齐联军发生激战，照样把他们打得抱头鼠窜。金军将领见找不到软柿子捏，转身一个人溜走了。

　　这一仗下来，岳家军收获满满，光敌军大小将领便俘获了二百余人，其他兵马辎重更是捡回一大堆。

　　七月十七日，岳飞攻克邓州。

　　襄阳六郡，收回四郡。

　　邓州攻克以后，接下来变成了扫尾行动。

　　七月二十三日，唐州、信阳军相继收复。

　　不到三个月时间，岳飞光复襄阳六郡！

　　岳飞的第一次北伐，异乎寻常的顺利，唯一让岳飞伤点脑筋的，不是金国，也不是刘豫，反而是远在千里之外的南宋朝廷。

当岳飞收复郢州、襄阳、随州三郡的时候，捷报传到朝廷，赵构给岳飞发了一份御札。

所谓御札，便是皇帝的亲口指示。岳飞收到御札，满以为是一封表扬信。

没想到，赵构却苦口婆心地告诫岳飞：飞啊，事情有点反常啊，李成这么快被你搞定了，肯定还有后招，我看你也别忙着收复另外三郡了，还是先想想怎么保住胜利成果吧。

要是别人说这话，恐怕岳飞早就要以扰乱军心的罪名给斩了。但没办法，这是皇帝说的话，不对付一下不行啊。

于是，岳飞同样苦口婆心地回复赵构：构啊，您就放宽心吧，咱们心里有数，已经吞下的地盘不可能吐出来，其他三郡咱也必须拿回来。

好在古代的信息传递技术比较落后，等岳飞起草回复的时候，他已经击溃了李成的第二次反扑，完全可以大大方方地告诉赵构，你的担忧纯属杞人忧天。

除了赵构外，枢密院也给岳飞发过一份省札，说来说去意思也差不多：飞啊，你可千万别骄傲，守住已经到手的襄阳、随州、郢州最要紧，接下来的唐州、邓州、信阳军，能攻则攻，实在不行就算了。

总而言之，见好就收吧。

接到枢密院的省札，岳飞更加哭笑不得。因为当这份文件送到他手上时，他已经坐在邓州城里办公了！

由此可见，以前赵家皇帝们在没有手机、电脑的情况下，远隔千里遥控指挥军事行动，是多么荒唐的一件事情。

七月底，当光复襄阳六郡的捷报传到临安时，赵构终于相信，岳飞胜局已定，狂跳的小心脏这才消停下来。

事后，赵构还不忘给自己打圆场，兴奋地对大臣说了句："我确实听说岳飞的军队十分厉害，但咱也没想到他这么能打啊（朕素闻岳飞行军有纪律，未知能破敌如此）。"

八月，朝廷按照早先的承诺，对岳飞超常拔擢，将他由正四品的镇南军承宣使直升为从二品的清远军节度使。

节度使是武人升迁道路上最重要、最荣耀的头衔。为了彰显这一特殊的荣誉，宋朝设置了一套特别隆重的建节仪式。武将一旦获封节度使，朝廷将授予一套霸气威风的旌节，包括绣有龙、虎图案的红绸门旗各一面，绣有白虎的红绸旌（用羽毛装饰的旗帜）一面，用一束红丝作旄（竿头上饰有牦牛尾的旗帜）的节一杆，麾枪两支，用赤黄色麻布做的豹尾两支。全套旌节共五类八件，都用黑漆木杠，配以种种精美装饰，光彩夺目，绚丽异常。旌节自朝廷发出后，必须始终一路高挺，哪怕是"撤关坏屋"也在所不惜，寓意为"不倒节"。

当清远军节度使的旌节自临安送到鄂州时，岳家军上下，人人引以为荣。

从此，岳飞成为继刘光世、韩世忠、张俊和吴玠后，南宋第五位获得节度使衔的武将。

年仅三十二岁而建节，即便放眼整个宋朝历史，也是绝无仅有！

相应的，岳飞的实职差遣也改成了湖北路、荆襄潭州制置使，帅府由江州迁至鄂州。这就意味着，宋朝从西至东形成了川陕、襄汉、江淮三大防区，岳飞成了独守中部防区的一方大员。

短短数年，岳飞已经和诸位顶级大将同列，这也招致张俊、韩世忠等人的忌妒。

尤其是张俊，看到曾经的下级骤然爬升到和自己不相上下的高位，张俊一肚子酸水直冒，恨不得马上找双小鞋来给岳飞穿穿。

驻守鄂州，岳飞的心情并没有因为荣升节度使而欢悦。

襄阳一战，他已经用实践证明，所谓的金国、伪齐，并不如想象的那般可怕。只要上下同心，将士用命，几路大军协力北进，恢复山河，一洗靖康耻辱，绝非难事。

随着地位的攀升，岳飞越来越靠近朝廷的核心决策层，这也让他更加清楚地认识到问题症结所在。

如果说，八年前贸然上书时，他还天真地认为，朝纲不振仅仅因为黄潜善、汪伯彦之流作祟。那么，现在他更清楚地知道，那位端坐高位的赵构才是源头所在，他的胆怯、苟安、昏昧，使得故土迟迟不得收复，黎民尽是饥寒交迫，甚至群起为盗。也正因为这个赵构，才使得刘光世、张俊等尸位素餐者，仍然安居高位。对于这些无能之辈，岳飞不得不维持着表面上的尊重，但他终究无法抑制内心深处的鄙夷、排斥。

岳飞从未动摇自己忠君报国的志向，而现实冷酷地告诉他，有时候忠君和报国，恰恰是一对难以调和的矛盾。

"文官不爱钱，武臣不惜命，则太平矣"，这是岳飞的见识和理想。然而，满朝上下，贪贿营私、贪生怕死之徒如蝇攒蚁附，天下又何以致太平？

在回复御札时，岳飞冒着触怒君威的危险，再次委婉提出"以精兵二十万直捣中原，恢复故疆"。

可是，他的呐喊，终究在一片文恬武嬉中没了声息。

鄂州的黄鹤楼，地处山巅，凭栏可俯瞰万里长江，那里曾留存着许多文人墨迹和神话传说。一日，岳飞偷闲登楼，远眺锦绣山河。在那里，岳飞追思几年来的个人际遇，感念家国所遭受的苦难，万千滋味一起涌上心头。

中原板荡，故土蒙尘，区区襄阳六郡又何足挂齿？

唉，我多想能旌旗北指，提兵渡江，夺回金贼手中的大好河山。

念及此，岳飞低首凝思，终将自己的一腔热忱化成了一阕《满江红》。

满江红·登黄鹤楼

遥望中原，荒烟外，许多城郭。想当年、花遮柳护，凤楼龙阁。万岁山前珠翠绕，蓬壶殿里笙歌作。到而今，铁骑满郊畿，风尘恶。

兵安在？膏锋锷。民安在？填沟壑。叹江山如故，千村寥落。何日请缨提锐旅，一鞭直渡清河洛。却归来、再续汉阳游，骑黄鹤。

攻守之间

收回襄阳六郡后，按照原定计划，岳飞需要分兵南下，征剿洞庭湖的土寇，但按照能者多劳的原则，赵构又给他加派了一项临时任务，使他的南下之行整整推迟了半年。

岳飞接到的任务是支援淮西战场。

对金国和伪齐来说，绍兴四年上半年是他们的至暗时刻，三月在西线被吴玠暴揍，五月在中线被岳飞碾压，伤害性很大，侮辱性更强，太没面子了。

伪齐和金国都急着把掉在地上的面子拾起来，刘豫向金国提议，看样子，西线和中线都有猛人坐镇，不好对付了，要不咱们再回头打东线，主攻江淮地区。

刘豫的提议得到了金国大佬们的认可，经吴乞买拍板，决定征调五万大军配合伪齐军开展行动。金军这次派出的统兵大将堪称豪华阵容，分别是左副元帅讹里朵、右副元帅挞懒和左都监兀术。

对于这次军事行动，金国表面上非常支持伪齐，其实不然。

金国派出的五万大军，其实真正的女真将士少之又少，主要是强行征调的其他民族士兵，战斗力弱，积极性低。

再看决策方面，一直主张攻取西线的粘罕是反对此次行动的，但新掌兵权的讹里朵却投了赞成票。而讹里朵到底是不是真心支持刘豫，需要打问号。

挞懒本来就讨厌那个背叛自己的刘豫，更没兴趣支持伪齐，可是他刚刚升任右副元帅，总不能刚提拔完就不干活，也就硬着头皮来凑数了。

唯一值得表扬的还是兀术，虽然被暴打了好几次，但亡宋之心不死，劳模本色不改，依然兴致勃勃地充当了先锋角色。

伪齐方面的领军人物是刘豫的儿子刘麟，他投资了多少兵力，史无明载，但估计不会少。没办法，老刘家的事情，自己不关心谁关心？

九月，金齐联军分东西两路渡过淮河，西线以建康府为目标，东线以扬州为目标，计划最终合围临安，逮住赵构。

金齐联军的入侵，引发了南宋朝廷的一场小地震。

政事堂里的宰相换人了。

绍兴二年，秦桧被罢相后，在吕颐浩的推荐下，朱胜非回朝任了右相。一年后，吕颐浩为天灾背锅，主动辞去相位，剩下朱胜非一人撑着。

如今，战争一来，朱胜非也丢掉了宰相的帽子。

顶替朱胜非的人，叫赵鼎。

赵鼎，字元镇，解州闻喜（今山西闻喜县）人，元丰八年（1085）出生，崇宁五年（1106）进士。

赵鼎进士及第后，最初是在地方上当小官，后经人推荐，骤然提拔到了京城，担任开封府士曹参军，仅过半年，又转任京畿提刑兼转运副使。

能够入京当官，又得到连续提拔，赵鼎想必是祖坟冒了青烟。

其实根本不是那么回事，你要看清楚，那一年，是靖康元年。

还是那句话，那时候的京官，大家躲都躲不及呢。

那一年，金军攻陷开封，赵鼎和很多人一样成了亡国之臣。当金人胁迫众人拥立张邦昌为皇帝时，赵鼎不想在议状上签字，和几个官员一道跑进太学里躲了起来。好在当时的赵鼎只是个小角色，也没人拿他当回事。

赵构登基以后，赵鼎投奔了南宋小朝廷，从权户部员外郎干起，一路做到了御史中丞。建炎三年末，赵构被兀术赶到海上进行漂流活动，赵鼎成为少数几位扈从大臣之一。

第二年五月，赵构一上岸，就把赵鼎任命为签书枢密院事，赵鼎遂跻身宰执行列。接下去几年，赵鼎又被下放地方，先后担任建康知府、洪州知州等重要职务。

绍兴四年三月，赵鼎提任副相，重新进入朝廷中枢。

这个月，朝廷还发布了一项重要的人事任命。

在川陕地区待了六年的张浚回来了！

富平战败后，牛皮吹破的张浚向赵构上书请罪，赵构倒也没把他怎么样，不仅没撸掉他的官职，还下诏安慰了他一番。留在川陕的张浚埋头在那里练兵，好在他一手提拔的吴玠很猛，通过和尚原、仙人关几次胜仗，替他找回了面子。

待吴玠在川陕稳住局面后，张浚就被调了回来。刚回来时，朝廷也没给他安排新工作，只给了个资政殿大学士提举洞霄宫的虚衔，让他待在福州等着下岗再就业。

待到九月，金齐联军入侵的消息传来，赵鼎为赵构出了不少军事防御方面的主意，相比之下，朱胜非长于政务，却疏于军事。于是，赵构免掉了朱胜非的右相一职，将赵鼎提拔为右相兼知枢密院事。

从此，赵鼎开启了长达四年的宰相生涯，直到他遇到一个更厉害的对手。

与此同时，金齐联军的到来也重新激活了张浚的政治生命。

张浚在福州闲居期间，曾上书朝廷要求加强军事戒备，说什么现在金国在川陕地区暂缓了攻势，肯定会把进攻矛头转向东南。如今瞎猫碰到死耗子，还真让他说中了。

赵构见张浚很有预见性，便又重新把他召回了朝廷。

十一月，张浚再次出任知枢密院事。

顺利实现二次就业的张浚很积极，一上任就跑到江边布置防务去了。

从此，在朝廷中枢，吕颐浩、朱胜非组合被赵鼎、张浚所取代。

绍兴四年底，赵鼎、张浚组合迎来了第一次考验。

当时，宋朝的情况早就不像以前那样窘迫，东南地区驻扎着韩世忠、刘光世和张俊三支大军，再加上临安府附近的御前诸军，总兵力达十五万以上，怎么看都不成问题。

但是，历史也一再告诉我们，所谓"兵不在多而在精"这句话，绝非虚言。

在赵鼎的鼓动下，赵构难得拿出了一点勇气，把行在迁到了平江府（今江苏苏州），表示自己要靠前指挥。无奈的是，属下的将领并没给赵构争气。

刘光世真的太水了，金齐联军的毛还没见到一根，就把军队撤到了长江以南，将整个淮南西路拱手让给了敌人。

赵鼎回头去找屯兵后方的张俊，想让他顶上去。

张俊更滑头，扶着手臂表示，自己刚从马上摔下来，受了点伤，这回就不考虑渡江支援了。

唯有防守东线的韩世忠在大仪镇打了一个伏击战，赢得了一场小胜利。不过他一看身边的刘光世和张俊都走了，也不想孤军作战，退守到了镇江府。

这么玩下去不行啊，赵构只能痛苦地挠头皮，挠完头皮，又想起了最能打的岳飞。

坐拥十五万兵力，却要让只有三万兵力的岳飞抽兵支援！

这事连赵构自己都感觉不好意思，所以诏书写得非常客气，他肉麻地表示：如果爱卿岳飞你不马上赶过来，我的小心脏就始终扑通扑通跳个不停，你应该深刻体谅朕的难处（朕非卿到，终不安心，卿宜悉之）。

岳飞收到求救信时还在布置襄阳一带的防务，不可能马上挥师勤王，只好让牛皋带着二千余骑兵先去救场，表示自己随后赶到。

不过，很快战事的走向发生了神奇逆转，还没等岳飞跑过来，金齐联军主动撤兵了！

原来，北方传来消息，金主吴乞买病危，行将驾崩！

讹里朵、挞懒和兀术收到消息后，不敢有一点迟疑，扔下伪齐军队就顾自走了。刘麟被突如其来的变故弄乱了方寸，抛弃大量辎重，昼夜兼程地退出了战场。

于是，赵构莫名其妙地赢得了一场胜利。

战争结束，岳飞的英勇担当和刘光世等人的猥琐表现形成鲜明对比。这次驰援淮西，他给赵构留下了极好的印象。

绍兴五年二月，岳飞前往平江府朝见赵构，并随同赵构返回临安府。回朝后，岳飞升任镇宁、崇信军节度使。

宋朝的节度使只是一种头衔，节度使前面的名称和将领实际镇守的防区没有丝毫联系，但节度使称谓前挂几个"镇名"，却是一个等级的象征。

岳飞由一个"清远"节度使，变成了"镇宁、崇信"两镇节度使，对武将而言，这又是一项特殊的荣誉（希阔之典）。

当时，刘光世、张俊、韩世忠三人也只是两镇节度使，从那一刻起，岳飞已隐然有后来居上之势。

声震洞庭

岳飞的两镇节度使也不是白当的，仅仅过了一个月，他又率军奔着潭州（今湖南长沙）去了。按照既定计划，这回他要负责征剿洞庭湖土寇。

事情要从一个名叫钟相的人说起。

钟相出生于洞庭湖西岸的鼎州武陵县（今湖南常德市武陵区），没错，正是陶渊明的《桃花源记》所说的那个地方。钟相的来历和方腊颇为相似，他本是一个巫医神汉，平时靠给人"作法治病"赚点收入，干着干着，身边聚集起了一大批粉丝。

到了宋徽宗赵佶时代，百姓的日子越来越不好过，钟相自称"天大圣"，鼓动民众结社对抗官府压迫。和很多起义者一样，钟相也为民众画了一张"等贵贱、均贫富"的大饼，他告诉信徒：

"法分贵贱贫富，非善法也，我行法，当等贵贱，均贫富！"

靖康年间，中原纷乱，钟相不甘寂寞，组织了一支三百多人的队伍，以勤王的名义，前去凑热闹。当钟相等人赶到应天府的时候，赵构已经登基称帝，他们又被遣返回了家乡。

钟相回到武陵后，并没有把这支民间武装解散，反而继续招揽信徒，打造兵器，想要在乱世里干出点事情。

建炎四年，钟相等到了一个起事的好机会。那一年，游寇孔彦舟的队伍杀到了鼎州（今湖南常德）界。

孔彦舟属于无良军阀，他原本是宋朝东平府铃辖，趁乱拉起了一支独立武装，南下四处劫掠。孔彦舟杀到鼎州后，地方官吓得纷纷跑路，那里顿时成了权力真空地带。钟相一看，机会难得，立刻发动叛乱，带着队伍四处抢占地盘。没过多久，围绕洞庭湖一带的几十个州县都被钟相收入囊中，他自称楚王，改元"天载"，真正成了一方割据政权。

孔彦舟当然不会放任钟相坐收渔利，两军很快因为争地盘打了起来。最终，游寇孔彦舟击败了土寇钟相，钟相被俘处死。孔彦舟击败钟相后，听说刘豫正在大肆招揽"人才"，就打包抢掠来的财物，投奔了伪齐。

钟相死后，他的余部仍继续在洞庭湖一带活动，其中，一个叫杨太的人渐渐显露锋芒，完整继承了钟相的地盘，其军事实力则远胜于钟相。杨太年纪较小，人们按照荆湖一带的方言，习惯称他为杨么（音 yāo，又作"幺"）。

杨么是个非常狡猾的土寇，为了抵抗官军征讨，他在洞庭湖畔设立了三十多个水寨，这些水寨离州城近的只有二三十里，远的也只有五六十里，依靠这些水寨，杨么和官军玩起了躲猫猫游戏。你来剿我，我就躲进水寨，你走了，我又重新攻城略地，反正把你整得没脾气为止。

为了防止官军进攻水寨，杨么先后打造了近三十艘恐怖的"车楼船"。

所谓"车楼船"，是宋代一种能搭载近千人的大型战舰。

车楼船的船舷两侧设有翼轮，翼轮以木轴相连，轴上设有踏板。船工蹬踩踏板，翼轮就会飞转起来，带动船只高速前进。车楼船不但动力装置先进，"火力"配置也不弱。杨么在每个车楼船上安装了长十多丈的拍竿，拍竿首部装有巨石，下面以辘轳为传动装置，普通的船只还没靠近车楼船，就很可能被拍竿打个粉碎。有些车楼船上还安装了一种二尺来长的木棍，两头削尖，人称"木老鸦"，用来居高临下打击敌人，同样很有威力。

面对如此庞然大物，能不能利用机动灵活的小船进行围攻呢？你想到的，杨么也想到了。为了给这些重型战舰护航，他还打造了近百艘轻快的海鳅战船，每次作战都轻重结合，互为策应，无懈可击。

绍兴三年六月，赵构曾派五万重兵前去围剿杨么的水寨，结果，朝廷的几百艘战船不是被掀翻，就是被撞沉，落了个全军覆没的下场。

战胜官军后，杨幺的势力达到顶峰，他拥兵数万，自称"大圣天王"，成为盘踞在南宋腹心地区最难对付的一支武装力量。正因为杨幺实力可观，刘豫在襄阳闹腾的时候，都想着邀请他南北夹击宋朝。

绍兴五年，杨幺成了摆在岳飞面前的又一个难题。

当岳飞领军南下时，一贯悍勇无畏的岳家军中也传出了一些异样的声音。很多将士丝毫不怵金人，却对征剿杨幺没啥信心。因为，岳飞的军队也以北方人为主，他们对水战毫无经验，更不用说眼前的对手，乃是装备精良的杨幺水军。

岳飞当然也知道水军并非自己所擅长，所以抵达潭州后，他并没有贸然去硬碰硬，而是先盯着杨幺的饭碗打起了主意。他分路派遣兵马把守叛军的粮道，同时，还严禁附近百姓和叛军进行钱粮交易。

岳飞想要困死杨幺，杨幺却丝毫不慌，因为那里湖泊密布，地理环境复杂，你管东，他就走西边；你守西，他可以往东，就跟你玩游击战术，谅你也是防不胜防。

如果这招管用，前面的官军早用了，还用得着你岳飞？

不过，杨幺还没得意多久，岳飞的第二招就让他不安起来。

在岳飞的严密封锁下，各水寨的叛军纷纷溜出来购买粮食物品。岳飞利用这个机会，来了个钓鱼执法，通过私下交易的机会，诱捕了数百名叛军。

逮住这些俘虏后，岳飞既不打也不杀，反而给了不少赏钱，让他们继续到市场去买东西。

这些叛军原本以为自己马上要挂了，现在不但能活命，还有钱拿，真是撞大运了！他们看岳飞就如看外星人，毕竟打了这么多年，还没见过这样的朝廷命官！

被俘的叛军忙不迭地向岳飞道谢，转头就乐呵呵地去购物了。

到市场上一交易，叛军们发现了一件更奇怪的事情，这回他们购买的物品价格特别低，堪称物美价廉量又足，赚大发了。原来，岳飞早就在他们的交易场所进行特别安排，故意压低了物品售卖价格，亏损的钱则由官府补贴。

如此一来，溜回去的叛军纷纷宣扬自己的传奇经历，那些守在寨中的同行一听，不觉怀念起外界的正常生活。

接下来的一段日子，岳飞命人反复玩弄这种捉放叛军的把戏，使得杨幺的几十个水寨处处人心浮动。

不少史书对于岳飞征剿杨幺的这段经历，都给予了负面的评价。说什么杨幺领导的洞庭湖义军是伟大的农民起义，岳飞镇压杨幺属于封建愚忠行为，岳飞通过镇压农民起义给腐朽的南宋王朝续命……

以上种种观点，多少有点莫名其妙。岳飞本身就是一个封建社会中的人物，他除了遵守封建道德、除了君君臣臣，难不成还能有别的选择？他如果心眼活泛一点，倒也没有后面的悲剧了。

其实，出身农家的岳飞最明白，眼前的敌人，都只是一些不堪生活压迫，被迫揭竿而起的穷苦百姓。也正因为如此，他对这支军队采取了攻心的策略，希望通过瓦解杨幺军心来收取"不战而屈人之兵"的功效。

岳飞的做法招来了一些人的不解，潭州知州席益直接把状子告到了张浚那里：岳飞来了也不打仗，每天还贴钱做亏本买卖，这不是儿戏吗？

当时，张浚正以知枢密院事的身份督军，接到状子后，瞪着眼睛替岳飞反驳了回去："你难道不知道岳飞是忠孝之人？他用兵自然有奥妙，怎么可以轻易猜测！"

张浚告诉席益，用兵的门道多得很，你懂啥啊！

摁下席益后，张浚回头也去找了岳飞：飞啊，给我一句实话，你心里到底有计划没？

是啊，张浚自己对军事也不是很懂，他也不知道岳飞接下去打算怎么办。

对于张浚的提问，岳飞只是笑而不答。

绍兴五年五月，张浚接到了朝廷的诏旨，让他立刻赶回临安，赵构要找他商量"防秋"的事情。

张浚觉得洞庭湖这边很太平，一时半会儿不会有大动作，就把岳飞召过来，告诉他："我马上要回朝了，你给我透个底，到底想怎么办？"

　　岳飞也不忙着回答，而是取出一幅作战地图，递给张浚："你看，已经有计划了。"

　　张浚看地图，看了半天也看不出个所以然来，他煞有介事地对岳飞说："我看这个贼寇，每天都躲在易守难攻的险处，一时还找不到可以攻击的机会。朝廷现在又急着叫我回去，要不先休兵，等明年再说？"

　　岳飞没想到，让张浚看地图，居然看出了这么个结论，他再也不敢卖关子了，连忙正告张浚："等什么明年啊，都督如果能为我再留几天，这事就成了。"

　　张浚以为自己听错了，狐疑地看着岳飞。

　　岳飞接着补充："不出八天，就可破贼！"

　　张浚觉得岳飞在吹牛："别人打了两年多也没个结果，你想用八天时间破贼，你凭什么把事情说得这么简单？"

　　岳飞回答："用朝廷军队去对付水寇，自然不容易，用水寇攻击水寇，事情就好办了。"

　　以水寇攻水寇？

　　张浚还是听了个云里雾里。

　　五月二十六日，岳飞来到鼎州前线，开始部署最后的进剿工作。

　　通过前面近两个月的抓俘、释俘，岳飞已经成功策反了一大批叛军。这些叛军投降以后，岳飞就把他们发展成了线人，让他们回去继续做同伴的思想工作。如果是叛军中的一些头目来降，岳飞还会直接给他一个官职。

就这样，通过"老会员"带"新会员"的政策，岳飞成功网罗了叛军中的众多头目。其中，一个叫作黄佐的寨主成为岳飞策反工作中的最大成果。

临近五月底，地下工作人员黄佐带来一个好消息，说是在岳飞的策反政策下，叛军中打仗最猛的寨主杨钦也有了投降的想法。

岳飞心里清楚，一旦策反了杨钦，剿匪的事情也就八九不离十了，他敢和张浚以八日为期，底气正源于此。

岳飞抵达潭州的时候，杨钦还在犹豫，一会儿表示愿意归降，一会儿又表示不能马上来降。岳飞派人到他的寨里明确告诉他，要想享受投降优惠政策，你就趁早，如果再婆婆妈妈，官军就集中全部精力，先收拾你。

杨钦被唬住了，终于答应带着全寨三千多将士、一万多老幼百姓一起出降。

岳飞听到杨钦投降的消息，亲自到鼎州城郊迎接，并且当场拿出一张空名官告，唰唰几笔填上了杨钦的名字，封了他一个正七品官衔。此外，岳飞把赵构送给自己的金束带和战袍都拿了出来，用于赏赐杨钦。

叛军见岳飞发官帽都这么干净利落，实在是太爷们了，都对他佩服得五体投地。杨钦更是被这番隆重的待遇感动得一塌糊涂，表示自己要马上回去干劝降工作，哪怕是洞庭湖里的小虾米，也不给杨么留一只。

杨钦的影响力确实很大，经过他的亲身示范，洞庭湖边的大小寨主纷纷倒戈，唯恐岳飞口袋里的空名官告发光了，自己轮不到。

经过这么一番操作，杨幺不乐意了。他蓦然发现，前几天自己还是兵强马壮的一方土豪，岳飞一来，自己转眼间成了光杆司令！

六月初，岳飞见杨幺叛军的实力大为削弱，决定发动最后一击。

在出击前，岳飞采纳杨钦的建议，一边在湖边开闸放水，降低水位，一边在湖面上撒满了青草。

杨幺的车楼船吃水较深，水位一降低，活动范围就受到了限制。当他带着庞大的水军出战时，车船的翼轮又很快就被漂在湖面的草缠住，运转不得。

杨幺见情况不妙，赶紧命令剩余的船只想办法突围。然而，岳飞早就命人在各个港口河汊中布置了巨大的竹筏，堵住了退路。

杨幺水军想用弓箭、石头开路，而官军早就在木筏上张挂起了大牛皮，用来遮挡矢石。

杨幺的招数被岳飞一一化解，胜负也就失去了悬念。

结果，杨幺的水军四散逃命，杨幺见大势已去，气得投水自尽，最终被人给捞了上来。

从抵达潭州前线到抓住杨幺，用时正好八天！

杨幺被处死后，剩下的水寨群龙无首，相继被击破。岳飞顺利解决了困扰南宋八年的心腹之患，他的表现再次赢得朝野一片赞誉。

杨幺是有根据地的割据政权，除了大量的军队外，还有大量附属的民户。因此，此战过后，岳飞一下子接纳了二十多万俘虏。

对于这些战俘，岳飞一一做出妥帖安排，老弱病残的，发放补给后允许归业；精壮的编入军队；不想当兵而又无家可归的，安排遣送其他州县。

经此一役，岳家军的兵力由原来的三万多人陡增到十万人左右。

从此，无论是战斗力，还是兵员人数，岳家军都跃居南宋第一，成为朝廷最为倚重的王牌军队！

国事、家事

从绍兴四年到绍兴五年，两年里，赵构越睡越踏实。

随着前方一封封捷报传来，宋朝在和金国的对峙中逐渐扭转了被动挨揍的局面。待岳飞搞定杨幺后，江南的游寇、土寇也基本肃清。

绍兴五年正月，北方又传来一个消息——金太宗吴乞买去世。此后的很长一段时间里，金国大佬们因争权夺位而忙得不亦乐乎，再也没工夫欺负宋朝。

看起来，形势一片大好。

在大好形势的鼓舞下，南宋朝廷内的主战呼声不断高涨，其中，有一个人上蹿下跳，最为积极。

右相兼知枢密院事、都督诸路军马：张浚。

张浚是个很有意思的人，虽然军事水平不怎么样，却对军事工作抱有匪夷所思的热情。正如五年前去主持川陕战局一样，这回他又主动请缨，表示要到长江前线主持北伐事宜。

赵构立刻批准了张浚的提议。

赵构这回如此爽快，倒不是因为吃了豹子胆。经历了前面的事情后，他心里渐渐明白，那个叛臣刘豫建立的伪齐，比金国还要可恶，不把他摁死，将来还会唆使金人一块儿欺负自己。

说白了，对外敌，可以讲和；对家奴，只能你死我活。

所以，赵构和张浚一致决定，这笔账，只和伪齐算。

绍兴六年（1136）二月，张浚来到镇江府（今江苏镇江）召开军事会议，研究从中部、东部两线对伪齐发起进攻。

张浚也清楚，在东线的江淮战区，也就韩世忠可堪一用，刘光世、张俊都不太靠谱。于是，他把韩世忠顶在了最前面，命他屯兵承州（今江苏高邮）、楚州（今江苏淮安）一线，目标指向苏北的淮阳军（今江苏睢宁县）。刘光世和张俊则分别驻兵庐州（今安徽合肥）和建康府（今江苏南京），在后面替韩世忠兜底。

至于中线的襄阳战区，那当然是岳飞的事情了，反正你现在兵强马壮，想怎么打就怎么打。

张浚依然保持兵马未动、嘴炮先行的风格，大兵出征前，他贴出榜文，把刘豫骂了个狗血淋头，表示这回要彻底干翻这个叛臣贼子！

此前，宋朝和伪齐还维持着表面上的对等关系。现在，双方算是彻底撕破了脸。

不过，这场由张浚主动挑起的战事，最后却因为各种原因草草收场。

军事会议刚结束，韩世忠率先开始采取行动，他领军攻打淮阳军，攻了整整六天，依然没有攻下，待到伪齐援军赶到，无奈撤了回来。

至于打酱油的刘光世和张俊，根本就没什么反应。

岳飞倒是一心想要北伐，可两件不幸的私事，让他的北伐行动推迟了将近半年。

当年三月，岳飞的母亲姚氏病逝。

自岳飞投军后，母亲姚氏、妻子刘氏以及岳云、岳雷两个孩子都留在了家乡。后来，刘氏因受不了生活的艰辛，扔下姚氏和两个孩子，顾自改嫁了。从此，姚氏带着两个孙子艰难生活，直到建炎四年岳飞驻兵宜兴的时候，才得以派人将他们接到身边。

母亲是岳飞成长路上最重要的人，自找到母亲后，岳飞心中怀着几年来的亏欠之情，极尽孝顺和恭敬。尤其是母亲身染重病后，哪怕军务再繁忙，他都要亲自过问起居，侍奉汤药。现在母亲去世，岳飞更是悲痛得茶饭不思。

办完母亲的丧事后，岳飞扶着姚氏的灵柩，前往江州（今江西九江）庐山下葬。按照古制，灵柩下葬后，岳飞还要为母亲丁忧三年。于是，岳飞在江州的一座寺庙里为母守丧，并上书朝廷，请求暂时解除官职。

然而，此时的岳飞已经是朝廷的中流砥柱，在这个节骨眼儿上，更不可能让岳飞真的守丧三年，于是朝廷连忙下诏让他"起复"。

所谓"起复"，是指朝廷以情况特殊为由，让官员提前结束丁忧，出来工作。

面对朝廷的"起复"命令，岳飞却很倔强，坚持要继续为母守丧。最后，赵构派宦官拿着他的亲笔手诏，跑到江州来做岳飞的思想工作，再加上岳家军全体僚属的敦请，才终于说动了岳飞。

岳飞重返鄂州后，仍难以集中精力主持北伐大业，因为当时他染上了一种难以治愈的眼病。

自建炎四年起，岳飞就得了眼病，发病时两眼肿痛难忍，没法看东西。岳飞的眼病每年都要发作几回，平定杨么叛军后，病情日益加深，以致正常的饮食起居都受到了影响（两目赤昏，饭食不进）。

岳飞的眼病放到现在，估计也就是一种普通的炎症，但在缺乏特效药的古代，却也是一个棘手的疑难杂症。到了绍兴五年末，岳飞的眼病曾一度好转，但经过母亲去世一事，病情复发，而且较以往更加严重。

熬到七八月间，岳飞忍着病痛，勉强主持第二次北伐。这次孤军出征，并没有到达预期的效果，除了进占商州（今陕西商洛）、虢州（今河南灵宝）等地，并无大的收获。

九月，岳飞从前线回到鄂州，他的眼病开始剧烈发作，直把他疼得卧床不起，此时别说带兵打仗，连正常生活都成了问题。

朝廷闻讯，特派御医奔赴鄂州替岳飞看病，经过一番治疗，才让他的病情有所好转。

可还没等岳飞的眼病痊愈，他马上又接到了新的作战命令。

绍兴六年九月，也就是宋朝的北伐行动刚刚结束后一个月，宋齐前线再次爆发激战！

自第一轮互殴后，宋齐双方都觉得不过瘾，摩拳擦掌准备第二次较量。

南宋这边，张浚从前线回来后，强烈建议赵构把行在搬到建康府，以便指挥接下去的军事行动。对于张浚的意见，左相赵鼎表示反对，赵构又拿不定主意，最后一起定了个折中方案——再次搬往平江府。

伪齐这边，刘豫顶住了宋朝的进攻后，决定马上开展一次报复性行动，为了凑够炮灰，他不得不再次找金国拉赞助。

可时至今日，刘豫想拉赞助是越来越难了。

吴乞买去世后，侄孙完颜亶继位为金国第三任君主，他就是历史上的金熙宗。

完颜亶对刘豫毫无好感，觉得这家伙成事不足败事有余，于是拒绝了他的投资请求，只答应派兀术屯兵边境，替他壮壮胆。

没了金国的支持，刘豫只能硬着头皮自己上，他强行签发乡兵二十万，对外号称七十万，兵分三路向宋朝最薄弱的淮南西路进军。中路主力军仍由儿子刘麟率领，目标指向刘光世驻守的庐州。

为了虚张声势，刘豫又派人穿着金人服装到处招摇，诡称金兵前来助阵。

刘豫的豪赌架势把驻守淮西的刘光世唬住了，当他发现自己成为伪齐的首选目标后，又嚷着要撤到长江以南。

赵鼎听了刘光世的报告，也慌了，居然同意了这个厮人的撤兵请求，并再次征调岳飞入援淮西。

张浚听说赵鼎的建议后，坚决表示反对。他认为淮西是南宋重要的粮食基地，如果让伪齐占据淮西，江南无论如何都守不住，现在应该合力反击才是，绝对不能再拱手相让。

张浚把自己的意见上奏赵构，赵构本有所犹豫，可当他听说这次金军并未出兵时，转而同意了张浚的意见。

张浚收到赵构的批复后，派人严令制止刘光世退军。但刘光世在撤兵方面向来行动迅速，还没等命令到达，他早就放弃了重镇庐州。

刘光世收到张浚的严令后，怕被秋后算账，又急令军队向后转，打算回头再去夺回失地。

事实证明，伪齐的军队确实很水，但凡你有一点胆量，都不至于打败仗。回过头来的刘光世在寿春附近击败刘麟军，顶住了伪齐的攻势。

紧接着，伪齐的其他两路大军攻势也被宋军瓦解，刘豫这次气势汹汹的豪赌才玩了一个月，便宣告破产。

刘豫上演了一场虎头蛇尾的军事行动，却阴差阳错地坑到了远在鄂州的岳飞。

张浚在阻止刘光世南撤的时候，同时建议赵构别动不动就征调岳飞的军队。可赵构为了确保自己安全，并没有采纳张浚的建议，执意催促岳飞马上赶过来支援。

为了防止岳飞以眼病为托词不来，赵构还在诏书中特别说明：想必你不会为了一点小病，就忘记了国事（想卿不以微疾，遂忘国事）。

皇上既然已经发话，岳飞明知怎么回事，也不好抗命，结果就是，岳飞带病吭哧吭哧赶到淮西，却连伪齐军的影子都没见着。

十一月，岳飞转头折返鄂州，刚回到驻地，不甘寂寞的伪齐居然又向他的防区发动了进攻。

别人挨揍时，可以叫岳飞帮忙，岳飞遇到敌人时，再多也得自己扛。于是，他又在唐州、蔡州等地和伪齐缠斗了一番，把左右横跳的伪齐重新打服为止。

绍兴四年至绍兴六年，那是岳飞军事生涯中最忙碌的一段岁月。那段岁月里，岳飞收六郡、灭杨么、北进中原、两援淮西，他衣不卸甲、马不卸鞍，终日奔波征战，足迹遍布湖北、湖南、河南、安徽、江西……从未有一刻停歇。

在这个纷乱扰攘的时代，岳飞找到了展示自己天赋的舞台，他的军事水平在战火中不断得到淬炼，他的战绩在同朝诸将中一枝独秀。而与此同时，他也承受了疾病折磨和丧失至亲的痛苦。

池州翠微亭

经年尘土满征衣，特特寻芳上翠微。

好水好山看不足，马蹄催趁月明归。

这是岳飞途经池州时留下的一首诗，也是他那段戎马岁月的真实写照。

第十一章　精忠岳飞（三）

一以委卿

绍兴七年（1137）二月，岳飞奉命赶往平江府，接受赵构召见。

要求岳飞赶赴平江府的札子，朝廷一连发了两道，最早的那份早在上年的十二月就发出了，只是当时岳飞尚有军务在身，没能迅速起行。直到过了两个月，岳飞才匆匆赶到平江。

岳飞不知道赵构为什么急着召他，肚子里带着一串问号。

事实上，就在一个多月前，朝廷发生了两件惊天动地的大事，正是这两件大事，促使赵构把岳飞叫了过来。

第一件事，宋朝使者从金国带来了一个消息——赵佶去世了。

赵佶其实已经死了一年半了，这位荒唐了大半辈子的君主，被掳到北方后经历了九年的囚禁生涯，其间没少受金人的欺辱。绍兴五年（1135）四月，他在遥远的五国城（今黑龙江依兰）结束了自己的一生。

赵佶去世的消息传来，南宋朝廷陷入一片哀悼。虽然，当朝臣子中没有几个人和赵佶有实质交集，可不管怎么说，他毕竟是曾经的宋朝皇帝，名义上的太上皇。

赵构和父亲赵佶的感情也不深，但无论是出于皇家尊严，抑或是对天下臣民要有一个交代，赵构都不能对赵佶的死毫无表示。

赵佶的死，促使赵构对金国和伪齐展现出一副强硬的姿态。

对于一心北伐的岳飞来说，这倒不失为一个好消息。

相比赵佶的死讯，第二件事对岳飞来说，则是天大的坏消息——秦桧回朝。

秦桧缘何咸鱼翻身？这还得从赵鼎和张浚的权力之争说起。

赵鼎和张浚自从分任左右相以来，一直处得很僵。

赵、张二人虽然同属抗金派，但多多少少都有点私心。当初赵鼎推荐张浚入朝，是希望张浚辅佐自己完成中兴大业。没想到，张浚认为自己是业务型人才，觉得赵鼎应该全力配合他。

说白了，两人都想当主角。

张浚入朝后，赵构命赵鼎坐镇朝中，派张浚到前线主持都督行府事务。这种赵主政、张主军的格局放在平时不成问题，放在战时就不同了。

大战期间，一切都要为前线服务，于是，实践中，左相赵鼎反而成了右相张浚的后勤保障官，只要都督行府传一张公文来，朝廷里就得围着它忙半天，人称"三省枢密奉行府文书"。

赵鼎自诩也懂一点军事，无法容忍张浚的抢戏行为，于是经常在赵构的耳边和张浚唱反调，两人的矛盾也随之越积越深。

绍兴六年底，张浚成功顶住了伪齐的反攻，捷报传来，舆论一边倒地支持张浚。赵鼎感到"压力山大"，主动提出辞去相位。赵构一开始还想调和两人的关系，无奈张浚得势不饶人，对赵鼎步步紧逼，发动台谏对他大肆攻击，必欲将赵鼎挤出朝廷而后快。

要说内斗就内斗吧，反正这也是朝廷内的必备节目，可张浚偏偏觉得两人斗法不够热闹，为了削弱赵鼎在朝中的势力，他做出了一个让他悔恨终生的决定——引荐秦桧。

秦桧自绍兴二年罢相后，一直在温州闲居，直到绍兴六年五月才复出做官。当年十二月，在张浚的撮合下，秦桧被召到平江府奏事，得以重新进入赵构的视野。

秦桧入朝后不久，赵构罢去赵鼎的相位，将他外放为绍兴（今浙江绍兴）知府。

绍兴七年正月，秦桧出任枢密使，朝堂上的"赵张"组合，暂时变成了"张秦"组合。

张浚掌权后，向赵构提出了两个建议，一是让赵构将行在从平江府迁移到建康府，继续摆出积极进取的姿态，二是希望立即解除刘光世的兵权！

第一个建议自然没话说，这本是张浚的一贯主张。

至于第二个建议，张浚其实也盘算已久。

对于刘光世的表现，长期以来，我们只能以没有最差，只有更差来形容。这次应对伪齐的进攻，他又擅自撤兵，淮西的地盘差点拱手让人。

他的拙劣表现，把赵构和张浚都惹毛了。因此，战事一结束，两人暗中商量着把他的兵权收回朝廷。

可是，撸掉刘光世后，还有一个后续问题，接下去，他的军队交给谁来统领呢？

赵构属意的人选，正是岳飞。

二月，当岳飞赶到平江府的时候，他对朝中的变化还缺乏敏感认知。

赵构见到岳飞后，一反常态，和他热情地讨论起了军事态势。岳飞一说起军事，也是滔滔不绝，对答如流。

谈着谈着，赵构话锋一转，对岳飞做了一番告诫：作为一方统帅，也不能过度贪图立功，首先还是应该守好自己的疆土，不辜负皇上的重托（须各任方面之责，期于恢复中原，乃副朕委寄之意）。

赵构的话显然是意有所指，只是岳飞还不十分清楚赵构的真实用意，只能连声应诺。

召见过后，赵构再次为岳飞加官晋爵，擢升其为正二品的太尉。太尉虽然是个虚衔，但却代表着能与宰执大臣同列的崇高地位。

很多人在解读这段历史时，都认为赵构十分虚伪，尤其是那番告诫的话，更像是在否定岳飞此前的功绩。

持此种观点的人，多少又犯了打开上帝视角看历史的毛病。应该说，当时的赵构确实对岳飞给予了充分信任和欣赏。只是，这份信任和欣赏，并不是因为岳飞收回襄阳六郡、讨平杨么，而是因为岳飞能够服从朝廷命令，两次主动入援淮西，保障他的人身安全。

我们一再说过，经历了人质生涯、兵变风波和海上漂流的赵构，最关注的事情，永远是自身的安全感。有一个细节很能说明问题，在刘光世、张俊、韩世忠、岳飞、吴玠这五位两镇节度使中，不管是老资历的刘光世，还是擅长走上层路线的张俊，抑或屡立奇功的岳飞，都是先授一镇节度使，然后再转任两镇节度使。

唯一的例外是韩世忠，他凭着苗刘之变中最先入城护驾的功绩，直接擢升两镇节度使。也正因这份患难时建立的信任，让韩世忠得以善终。

反观才具平平的赵鼎，之所以能够位列宰执，便是得益于他陪伴赵构度过了那段最迷茫的海上逃难时光。

人总是愿意记住他最无助的时候，给他提供过帮助的人，赵构也一样。

岳飞两次入援淮西，都徒劳而返，但赵构却对岳飞这种老老实实的态度表示满意。他甚至在岳飞第二次白跑一趟后，对赵鼎喜滋滋地说："击败伪齐并不值得高兴，将帅知道尊重朝廷指令，才可喜可贺（刘麟败北，朕不足喜；而诸将知尊朝廷，为可喜也）。"

所以，我们有理由相信，此时的岳飞，在赵构眼里，依然是一名可以倚重的将领。之前进行的那番叮嘱，正是赵构准备交付兵权前的一次敲打。

只可惜，岳飞深谙行军打仗之道，却并不懂得官场里的那么多弯弯绕绕。

三月，赵构的行在迁往建康府，岳飞随驾同行。

在迁往建康府的途中，赵构收到了刘光世乞求解除兵权的奏章。

原来，张浚在得到赵构的首肯后，已经派人前去暗示了刘光世。刘光世本来就理亏，觉得与其被动免职，不如争取主动。

赵构接到刘光世的奏章，默许了他的解职请求。抵达建康后，赵构便单独召见了岳飞。

在这次召见里，岳飞从赵构口中得到一句令他无比振奋的承诺：

"中兴之事，朕一以委卿，除张俊、韩世忠不受节制外，其余并受卿节制。"

翻译一下：中兴宋朝的大业，我全部委托给你了，除了张俊和韩世忠的军队不受你节制外，其余诸军，一律归你节制！

赵构的态度让岳飞欣喜若狂，这道命令，等于宣布将刘光世的全部兵力划归到他的名下，如此一来，南宋将近一半的兵力，都将划归岳飞一人指挥！

这是何等的信任和荣耀！

三月十四日，岳飞接连收到了两份绝密文书。

一份是张浚的都督行府发来的，告诉岳飞，原刘光世麾下的五万二千余名将士，三千多匹战马，都将拨属岳飞。

一份是赵构发给刘光世部将的御札，赵构命令刘光世下属的诸位高级将领，要求他们今后自觉接受岳飞节制，不得造次。

岳飞收到文书后，激动地上了一份奏章，详细地阐述了自己北伐中原的构想，并信誓旦旦地表示要使"宗庙再安，万姓同欢"。

赵构读完岳飞奏札，立刻亲笔批示：有你这样的忠臣，我还有什么可担忧的，你放手去干吧，我不会从中制约（有臣如此，顾复何忧，进止之机，朕不中制）！

上有朝廷信任，下有三军拥戴，毕生奋斗的志向已然触手可及！

绍兴七年三月中旬，岳飞一直沉浸在跃跃欲试的兴奋状态，他恨不得马上回到驻地，检点兵马，和金贼一较高下。

只是，岳飞的美好畅想并未持续太久，没过几天，事情发生了天翻地覆的变化。

皇帝食言

三月下旬，正当岳飞筹划着接手刘光世的淮西军时，他又收到了一份赵构的手诏。

手诏只有短短两句话：张浚马上要到淮西视察军队，会召你商量一些事情，有些事情的分寸，你自己看着把握。

岳飞收到赵构的手诏，被搞得莫名其妙，张浚找我谈什么事呢？难道事情还要有变化？

还没等岳飞猜透赵构的哑谜，第二份手诏又来了。

手诏还是短短几句话，一上来就狠狠表扬了岳飞一番，称岳飞是老天派下来帮助自己实现中兴大业的人物，对他的忠心真是赞了又赞（嘉叹不忘，至于数四）……

当然，赵构不可能吃饱饭没事干，专门送几个彩虹屁给岳飞，手诏中关键的是最后一句：谋议之间，要须委曲协济。

啥叫"委曲协济"呢？直接翻译还真有点难度，大意就是有些事你得"委屈迁就，通盘考虑"。

岳飞看到这句话不禁眉头紧锁，还有什么事要自己"委曲协济"，当然是接手淮西军的事情，岳飞心里顿感不妙。

不一会儿，赵构又送来了一份手诏，谜底终于揭开。

手诏上是这么说的："淮西合军，颇有曲折。前所降王德等亲笔，须得朝廷指挥，许卿节制淮西之兵，方可给付。仍具知禀奏来。"

咱再接着翻译一下：淮西军划拨你指挥的事，出岔子了。此前我虽然给了你御札，但仍必须有朝廷的正式命令，你才能节制淮西的军队。后续情况仍请上书奏禀。

岳飞看到这份手诏，心中仅存的一点希望也被掐灭。什么朝廷的命令，朝廷不就是你赵构的嘛。绕了半天，其实不就想表达一个意思：我要食言了。

可说好的事情怎么又黄了呢？

有研究者说，赵构本来就没下定决心让岳飞接管淮西军。因为前面赵构亲自交付的御札也好，张浚的都督府下发的省札也好，都曾要求岳飞"密切收掌"。也就是说，这道命令尚属于绝密范畴，算不得正式公文。

不过这个理由显得很牵强。关于军队调拨的事情历来敏感，只有事前秘密部署，才能防止军队动乱。赵构如此安排，也属常规操作。

再者，赵构即便再蠢，也不会蠢到随便给岳飞下道命令，回头再贱兮兮地告诉岳飞：亲，俺就是逗你玩的。

平白无故拿一个手握重兵的大将开涮，脑子进水了吗？

应该说，赵构一开始确实想把淮西军队交给岳飞。毕竟，刘光世的淮西防区和岳飞的中路防区毗邻，岳飞两次入援淮西，还不是因为刘光世的淮西军太不给力。现在合二为一，合情合理。

事情坏就坏在两位宰执大臣身上。张浚和秦桧都反对岳飞接管淮西军。

对于张浚而言，他确实想要收了刘光世的兵权，但他并不愿意把收来的兵权交给岳飞。他有自己的小心思，想趁撸掉刘光世的机会，将淮西军划归都督府直辖。其实，不光刘光世的军队，张浚甚至想让所有军队都归属都督府，由自己统一节制全国军马，指挥北伐战争。这种思维方式和他在关陕时的做派很相似，而岳飞就成了他眼中的加强版曲端。

秦桧当时和岳飞还没有太多接触，要说很反感岳飞，倒也不至于。但依他的立场，自然也不希望将大量军队划归一名悍将。

张浚和秦桧要说服赵构也很方便，只需把老赵家猜忌防范武将的那套说辞搬出来即可，脑细胞都不用消耗几个。

在几次兵变中留下心灵创伤的赵构一听，越琢磨越觉得有道理，立刻改了主意。

赵构被张浚和秦桧说服后，顾不得"君无戏言""金口玉言"之类的教条，急着想把事情挽回。可是，前面话已出口，直接打自己的脸也不好，所以才扭扭捏捏地出了三份手诏，让岳飞自己慢慢"领会精神"。

待岳飞有了心理准备后，还是得当面和他说清楚。这回，赵构当然不便再次出面，替赵构出头的，只能是始作俑者张浚。

张浚把岳飞召到了都督府，装作事情没发生过一般，试探性地问道："王德这个人，在淮西军内部素有威望，我想任命他为都统制，然后再命吕祉以都督府参谋军事的名义统领这支军队，你看怎么样？"

张浚口中的王德，是刘光世麾下的大将，时任淮西军前军统制。吕祉是个文官，有过一段荆湖提刑的经历，干过剿匪工作，这一点和此前张浚赏识的赵哲很类似。吕祉时任兵部尚书兼都督府参谋军事，是张浚的一员心腹。

按照张浚的意思，在刘光世去位后，他打算让王德来实际接管军队，再空降一个"吕祉"，作为淮西军名义上的最高统帅。

岳飞心里也清楚，自己合并淮西军的事被搅黄，背后都是张浚搞的鬼，现在他假惺惺地来询问，其实就是通知自己：前面的行文都成了废纸，你就死了这条心吧！

参考官场话术规则，下级面对上级的意见征求，统一标准答案应该是：您高瞻远瞩、明察秋毫、见识宏远，您说啥都有道理，您说啥都万分正确……

只是，张浚并没有从岳飞的口中得来标准答案。

岳飞率直作答："淮西军将士中有很多是收降的盗贼，发生叛乱是家常便饭。王德和郦琼等人，平时关系就很紧张，现在你把王德提拔为郦琼的上级，肯定要起争端。吕尚书（指吕祉）虽然是个通才，但他书生出身，并不熟悉军务，威望不足以压服众人。所以，我认为必须选择可以担当重任的大将来统领淮西军，否则，将来不知道会发生什么祸乱。"

岳飞口中的郦琼是淮西军中仅次于刘光世、王德的三号人物，他是岳飞的老乡，在此前的军事行动中，也和岳飞有过交集。在淮西军中，郦琼和王德的关系很僵，两人互相瞧不上对方，经常公开闹矛盾。

岳飞告诉张浚，王德和郦琼的矛盾肯定会激化，吕祉一个白面书生，一定压不住两个军内大佬。所以说，张浚的方案非常不靠谱。

实事求是地说，岳飞之言，并非个人偏见，后来发生的事情也充分印证了他的预见性，但话到了张浚的耳朵里，就变成了岳飞的个人情绪，非常不中听。

张浚听后，不客气地反问岳飞："那你觉得让张宣抚（指张俊）来统领淮西军怎么样？"

岳飞也不客气："张宣抚是员宿将，也是我的老上级。但这人作风粗暴，缺少智谋，郦琼等人向来对他不服气，恐怕也压不住他们。"

张浚又被岳飞驳了回去，他强压怒气，接着又抛出了一个人选："那你觉得杨沂中怎么样？"

张浚口中的杨沂中，时任殿前都虞候，兼领侍卫马、步军司，是长期负责宫廷宿卫的将领，资历和地位略低于刘光世、张俊、韩世忠等人。

岳飞眼皮都没抬一下，又投了反对票："杨沂中和王德的水平差不多，怎么能统驭淮西军呢?"

岳飞左一个不行，右一个不行，张浚听后，脸拉得比驴还长："难道统领淮西军，非太尉（指岳飞）不行?"

张浚撕破了脸，岳飞脾气也上来了："都督（指张浚）问我，我当然要实话实说，难道就是为了得到淮西兵权!"

就这样，张浚和岳飞不欢而散。

和张浚谈完后，失望至极的岳飞请求面见赵构，做最后一次努力。

赵构已经获悉张浚和岳飞的谈话情况，自然不愿意再听岳飞在耳边唠叨，两人的谈话很快变成了一段尬聊。

岳飞依然滔滔不绝地陈述自己的北伐计划，这回他甚至搬出了具体路线和行动方案，就差拿一张军用地图为赵构科普北伐知识了。说来说去，岳飞只想传递一个观点，自己希望接管淮西军，并不是想揽权，纯粹是为了北伐大业考虑。

赵构极不情愿地听完岳飞的讲解，冷冷地来了一句："照你所说的去做，恢复中原的工作何时可以完成?"

岳飞回答："大概需要三年时间。"

赵构对岳飞的答复不以为然："我现在驻跸建康府，全靠驻守江淮地区的几支军队作为屏障。如果你抽调了淮西的军队去北伐，要是能够成功，我当然舍得，可如果你调动了军队，却不能恢复中原，反而导致淮西地区失守，那么，就连建康府和临安府也会处境危险，问题岂不更严重!"

听了赵构一番话，岳飞气得差点噎住。还全靠淮西军作为屏障?我都不知道补过几次漏了，那时候怎么没见你说淮西军是屏障来着?

岳飞知道赵构是在拿话搪塞他，多说也没意思，只能失望告退。

过了几天，朝廷正式发文，命淮西军划归都督府管辖，请岳飞立刻返回驻地鄂州。这完全就是张浚的方案。

接到公文后，岳飞越想越气，火气一上来，做出了一个惊世骇俗的举动——撂挑子！

在回鄂州的途中，岳飞以和张浚议论不合为理由，上奏请求解除军职。而且，他没等赵构批准请求，径直跑到了江州庐山，表示自己要继续为母亲守孝。

岳飞的擅自离职，在赵构眼里，属于严重的抗上行为，更何况，他还是一个手握重兵的将帅！

这个极具个性的举动，使岳飞在赵构心中的地位一落千丈，也成了他人生中的重要转折点。

从古到今，但凡是个帝王，十有八九是重度疑心病患者，他们不能容忍任何一个臣子的忤逆顶撞。按照帝王的逻辑，哪怕是再荒唐的命令，臣子也只能俯首听命；哪怕是他出尔反尔了，你也得闭着眼执行命令。

君不见，周亚夫不就是因为吃饭时要了一份餐具，就被汉景帝打上了"非少主臣"的标签吗？

岳飞和周亚夫的情况差不多，他懂得管理"细柳营"，却不知道去猜度帝王的心思，对官场里的唯命是从，更有着一种天生的不屑。

然而，宋朝对文人清高有着极好的忍耐性，对武人的清高却有着深深的猜忌。不知不觉中，岳飞已经将自己推入险境。

淮西兵变

岳飞撂挑子后，张浚比赵构还生气，几次跑到赵构跟前说坏话，指责岳飞就是想要扩充兵力，现在甩脸子走人，摆明了是要挟天子（奏牍求去，意在要君）。

张浚给岳飞狠狠扣了一顶帽子，就这"要君"的罪名，放在平时，都可以让岳飞掉脑袋了。

张浚不但疯狂贬损岳飞，还打算把对付刘光世的办法拷贝到岳飞身上，建议赵构一不做二不休，干脆把岳飞的兵权划归他的都督府。

好在赵构疑心归疑心，到底谁有真水平，他心里还是门儿清的，眼下外患未除，他还不至于傻到自毁长城。

赵构没有同意张浚的提议，只是封还了岳飞的辞职奏章，并下御札督促岳飞复出干活。

岳飞接到御札后，权当废纸一张。

赵构见岳飞不听话，紧接着又发了一道御札。明面上，话依然说得很客气，称岳飞"忠勇冠世"，现在朝廷正是用人之际，你要深切体谅朝廷的难处。

接到第二封御札后，岳飞还是没有起身，只是上书申明：自己只想提兵恢复故土，并无任何个人野心。

接下来，岳飞收到了赵构的第三道御札，继续请他出山主持军务。

为了敦促岳飞出来，赵构在寄发御札的同时，又以朝廷的名义下令给岳飞的部属王贵和李若虚，让他们到庐山去敦请岳飞返回鄂州。

王贵是鄂州宣抚司的统制官，他和张宪都是岳飞最为倚重的大将。李若虚时任宣抚司参议官，是备受岳飞信任的一员幕僚。

对于王贵和李若虚，朝廷就没那么客气了，枢密院要求两人务必把岳飞给请出来，否则将对两人军法从事。

王贵和李若虚接到命令，拍马来到庐山见岳飞，可任凭他们如何劝说，岳飞就是不肯复职。

王贵和李若虚在庐山足足劝了六天，岳飞始终不为所动。

岳飞的强硬态度让两人急红了眼，最后，李若虚不得不以最严厉的语气劝说岳飞："你这是想造反吗？如果你再这样坚持下去，朝廷必定要起疑心。你本是一介平民，受天子的委任才掌有兵权，难道还能和朝廷相对抗吗？你如果铁心不从，我们就要因此受刑而死，我们又有什么对不起你的地方呢？难道你不会因我们无辜受刑而感到愧疚？"

李若虚的一席话将岳飞从盛怒中拉了出来。

不管怎么说，在传统封建道德观念里，赵构是君，岳飞是臣，臣子服从君命从来都是无条件的。岳飞平日素来以忠君报国勉励属下将士，而现在的情势，岳飞已经把自己推到了朝廷的对立面。再这么僵下去，恐怕岳家军真会走到濒临瓦解的地步。

岳飞终于屈服了，他不得不接受赵构的诏旨，决定复职视事。

在赶回鄂州前，岳飞还必须再向赵构当面"请罪"。

六月，岳飞来到建康府朝见赵构，违心地请求赵构惩处他擅离职守的行为。

短短三个月，岳飞因自己刚烈的个性付出了惨重代价，他一度是赵构最赏识的大将，现在却成了皇帝心中最为忌惮的武人。

再次见到岳飞时，赵构面如死水，对于岳飞的"请罪"，未做任何评价，只是意味深长地说出了一段话："你前日要求解职的奏陈非常轻率，但我其实并没有生气（朕实不怒卿），我如果因此生气了，必定会有所惩戒！太祖曾说过，违反朝廷法度的，只有明正典刑，之所以继续让你统领军队，把恢复故土的责任交给你，说明我确实没有生你气的意思（可以知朕无怒卿之意也）。"

赵构这番柔中带刚的话说得极为巧妙。

首先开宗明义地指责岳飞轻率，给事情的是非对错定了性。接着，为了安抚重兵在握的岳飞，又表示自己并没有生气，还是会信任他，允许他继续掌军。最后，又用太祖赵匡胤的话震慑岳飞，暗示他如果再有如此犯上的行为，必将给予严惩！

从这段话中我们也不难看出，赵构的昏庸也是内外有别的，在拿捏帝王权术方面，他丝毫不落于前人，如果他能用这份心计琢磨国事，恐怕倒也真没岳飞什么事了。

所谓外战外行，内战内行，大抵是所有卑劣者的通病。

风波过后，唯一感到开心的人物当数张浚。

他立刻把心腹吕祉空降到了庐州，掌管淮西军，同时又给王德升官，给他加派了"提举训练诸将军马"的实职差遣，协助吕祉管理军务。

不出岳飞所料，这个处置方案的负面效应很快显现出来。

　　吕祉还没有赶到庐州，淮西军内已经乱成了一锅粥。

　　王德是那种给几分颜色，就想着开染坊的角色。他一朝爬到高位，不但没有夹着尾巴做人，反而更加粗暴自负，没干几天，就惹得郦琼等众将校向都督府提出控告。王德也不示弱，反告郦琼等人不服管。都督府的首脑是张浚，处理意见自然偏袒王德，郦琼等人不服，接着又向御史台递交控状。

　　吕祉赶到淮西后，原本还摩拳擦掌地想过一把将帅瘾，没想到先碰到这么一堆烂账，直接躺平了。躺平也就算了，他还非常傲慢，打心眼里看不起这群大老粗。军中的将校想要见他，他却以各种借口推托不见，惹得众人更加焦躁不安。

　　再后来，王德和郦琼的矛盾愈演愈烈，吕祉觉得实在心烦，就给朝廷上了一份奏章，建议另派重兵进驻淮西，先稳定局势，然后再将郦琼所部兵马拆分调回建康府。

　　与明奏一起递上去的，还有一份密奏。

　　吕祉在密奏中历数郦琼的"罪状"，建议找个合适机会解除他的兵权。

　　不巧的是，吕祉派人递送的密奏被郦琼给截获了。

　　这下子，吕祉算是一脚踩爆了地雷。

　　郦琼知道吕祉的密奏后，连夜带人去找他算账。吕祉见状赶紧起身逃跑，可结果还是被郦琼逮个正着。

　　郦琼等人见情势已经不可挽回，便公开反叛，劫持着吕祉向伪齐境内跑去。

　　八月初，郦琼在路上杀掉了吕祉，然后带着四万多将士投降了伪齐刘豫，一同被裹胁前去的，还有大量随军家眷和当地居民，总数达十万以上！

淮西兵变，不但让伪齐赚了个大便宜，还使得南宋的淮南西路瞬间出现了一个大窟窿，大片空白区域暴露在了伪齐和金人的军事威胁之下。

兵变的消息传开，南宋朝廷又乱套了。

为了亡羊补牢，赵构连忙亲下手诏安抚郦琼等人，宣布只要他们归来，以前所犯的罪过，无论大小，统统一笔勾销。此外，赵构又特别给岳飞下手诏，让他好好劝说自己这位老乡，把军队给带回来。

在大是大非面前，岳飞从不含糊，接到赵构的诏书后，他立刻就给郦琼写信，劝他迷途知返。

但是，开弓没有回头箭，叛乱又不是请客吃夜宵，可以掀掉桌子重来一遍。无论是赵构的恩诏，还是岳飞的书信，都已经不可能让郦琼回心转意。

淮西兵变着实让南宋朝廷慌乱了一阵子，万幸的是，此时的金国和伪齐都忙着打理自家的烂账，没精力利用这次兵变做文章，让南宋躲过一劫。

淮西兵变后，张浚的相位是保不住了。

他成了兵变的最大罪人，被淹没在言官的口水之中，再也没脸在朝内待下去。

兵变后的一个月，张浚罢相出朝。

张浚被赶走后，秦桧心中窃喜，因为，按照递补顺序，现在该轮到他走上相位了。

不料，老秦还是高兴得早了点，新宰相的任命一出来，他才发现，自己白白做了几天美梦。

九月，赵鼎回朝，再任左相兼枢密使。

关于秦桧相位落空的事情，还得简单说一下赵鼎、张浚、秦桧的三角债。

早年赵鼎和张浚共事的时候，曾经讨论过后备干部的问题。秦桧因为有点虚名，被张浚当成了人才，可赵鼎一听，连连摇头，表示如果你提携这个家伙，将来肯定肠子都要悔青。

后来张浚和赵鼎产生了矛盾，张浚估摸着敌人的敌人就是朋友，援引秦桧来排挤赵鼎。

赵鼎走后，张浚和秦桧一共事，这才发现，鼎哥说得没错啊，秦桧还真是个专玩阴招的小人。

于是，就在张浚罢相前，当赵构问他秦桧能否担当继任者时，张浚毫不客气地投了反对票。

不过，秦桧也不是好惹的，待赵鼎一回来，他立刻觍着脸迎了上去，表现得比哈巴狗还要恭顺。和赵鼎套上近乎后，秦桧充分发扬了煽阴风、点鬼火的特长，不断在赵鼎面前给张浚泼脏水，甚至把蓄意阻止赵鼎回朝的罪名也扣到了张浚头上。

经过秦桧的一番表演，原来嫌恶秦桧的赵鼎，居然转而对他深信不疑。

事实证明，要论耍心眼，赵鼎和张浚加起来都赶不上秦桧，两人自始至终都被他哄得团团转。

赵鼎更不会想到，眼前这只摇尾乞怜的宠物犬，马上就要对自己露出獠牙。

奏立皇储

淮西兵变对岳飞产生了两方面影响，一好一坏。

好的是，兵变验证了岳飞的眼光，多少可以抵消一下他之前因犯上而产生的坏影响。

坏的是，岳飞原本准备了完备的北伐计划，赵构也曾有所心动，但现在形势一变，他的计划又得无限期延迟下去。

到了绍兴七年的九、十月间，岳飞再次被召到建康府去奏事。这次觐见，是否和淮西兵变有关，具体的交谈内容是什么，都不得而知。

然而，正是在这次看似普通的觐见中，岳飞又犯了一次官场上的大忌，进一步加深了赵构对自己的猜忌。

这回，岳飞触碰了一个极其敏感的话题——国本。通俗点说，即皇储问题。

前面说过，赵构经历了扬州的劫难后，失去了生育能力，唯一的小皇子又在苗刘之变后去世。从此，皇嗣断绝。

关于皇位继承人的问题，赵构肯定心急，朝野上下也必定人人关注。

但是，稍有政治常识的人都明白，这个近乎公开的难题却又偏偏是个不可描述的问题。如果谁没有把话讲好，触痛了赵构的伤疤，肯定要吃瘪。

可皇储总是空着却也不是个事儿，到了绍兴元年，终于有人站出来向赵构提了个建议：恳请从宋太祖赵匡胤的后裔中，选择一个合适的人立为亲王，如果将来皇上生出了儿子，再让这位亲王回到自己的藩地去。

这番话大家可能会比较耳熟，没错，同样的话，当年众臣也对仁宗赵祯说过。

可以说，这番措辞已经成了解决宋朝皇位继承人问题的标准劝谏稿，非常委婉，非常巧妙，极具艺术性。

咱绝不说你没生育能力了，只说先找个备胎养着，万一真的奇迹发生，把备胎拿下来就成，两不耽误。

可这里还有一个问题，细心的朋友可能已经觉察到了。

找备胎的事情，一般都是遵从就近原则，为什么要强调是太祖赵匡胤的后裔呢？

要说清楚这个情况，我们必须把老皇历翻到更前面一点。关于赵匡胤的死，宋朝的官方版本自然是暴病而亡，但我们在第一卷讲述"烛影斧声"时也分析过，更让人信服的一种说法是，赵匡胤死于弟弟赵光义的谋害。而此后赵匡胤的两个儿子，赵德昭和赵德芳的死亡，也都被认为与赵光义有关。

这些推断，当然不允许在正式场合谈论，但在民间舆论中，为赵匡胤叫屈的声音从来就没有停止过。人们从同情赵匡胤的角度出发，都认为赵光义这一支皇族，应该把皇位再归还给赵匡胤的后裔。

　　此类民间的声音，在和平时代，也就当作一个饭后谈资。可自从靖康之难发生后，这个呼声和民间的因果报应学说联系在了一起。人们认为，赵氏皇族遇此劫难，就是因为赵光义夺走了赵匡胤后裔的皇位继承权，故而遭到报应。还有一种说法更夸张，有人传言金太宗吴乞买其实就是赵匡胤转世，专门过来报复赵光义的后人。

　　这些充满迷信色彩的说法自然毫无依据，可当时在民间却非常盛行，在科学水平不发达的古代，它甚至影响到了朝堂上的南宋君臣。

　　赵构在建炎期间饱受颠沛流离之苦，对这一说法内心也有所忌惮。因此，他在收到立太祖后裔为亲王的建议后，不但没有反感，反而重重奖赏了提议之人。

　　不久，赵构更是明确表示：太祖平定天下，开创基业，子孙却没能享有江山，现在世事多艰，我决定从太祖后裔中选择一人作为皇嗣，以慰太祖的在天之灵！

　　赵构拍板后，臣子就开始了海选太祖后裔的活动，经过查族谱、排辈分，最后大家挑出了一个名叫赵伯琮的六岁小孩。过了两年，赵构又把一个叫赵伯玖的男孩也收养到了宫中。

　　赵伯琮和赵伯玖都是赵匡胤二子赵德芳的后裔。从此，赵构的身边就有了两个备胎，皇位继承人的问题暂时得到了解决。

　　当然，赵构寻找太祖后裔作为继嗣，也不全因为那些因果报应的传说。经过靖康劫难，他的皇族近亲早就被金人一网打尽，想徇私找几个血缘关系近一点的，本身就没太多可操作性。

　　赵构虽然收养了赵伯琮和赵伯玖，可他始终都没有明确给予他们皇子身份，更没有确定谁是皇储。

在常人眼里，既然皇位已经后继有人，管他将来是谁当选，反正只要是赵家骨血就成，根本没必要再去纠结。

可岳飞为什么偏偏要在这个节骨眼儿上提皇储的事情呢？

这都缘于岳飞所得到的一份绝密谍报。

岳飞一心想着收复中原，所以时刻关注着北方的局势变化。为了获取关于金国和伪齐的情报，岳飞向敌境派遣了大量谍报人员。就在起程赶赴建康府前，岳飞得到前方传来的密报：

金人打算废掉伪齐政权，将钦宗赵桓的儿子赵谌送到开封，立为傀儡皇帝。

赵谌是赵桓的嫡长子，靖康元年被立为皇太子，后来随同赵桓一起被裹挟到了北方。到绍兴七年，赵谌刚满二十岁。

金国要把赵谌放回开封，着实是一个非常阴损的招数。

宋朝已经立国一百七十多年，中原百姓在心理上自然更认同赵氏的统治，所以赵构建立南宋后，很多人仍将其当作正统，视金国扶起来的张邦昌、刘豫之流为叛臣。

但是，如果赵谌一来，情况就不同了。人家好歹是正宗的皇太子，赵构却只是一个自立的康王。试想，人们会认为谁更合乎赵家正统呢？

更何况，赵桓还活生生地掌握在金国的手里，到时候金国完全可以借此操控赵谌，让他俯首听命，成为一个比张邦昌、刘豫更恭顺的傀儡。

到那时，赵构又将以何种姿态对待这个与自己分庭抗礼的侄子呢？

因此，岳飞希望赵构马上立年长的赵伯琮为皇储。

不管怎么样，赵桓后人总不能与太祖后人争天下吧？

岳飞希望南宋朝廷能够借立皇储来掌握政治主动，完全出于一片公心，可在正式上疏前，他也十分犹豫。以往，呈报朝廷的奏疏都是由幕僚代劳，而这回，岳飞坚持由自己亲自执笔，手中的笔，也是拿起放下，放下拿起，久久不能成文。

谁都明白，提此类建议实在太敏感、太危险了！

且不说赵构是否仍对诞育儿子抱有希望，你一个掌握精锐军队的武将关心皇储的事情，怎能不让多疑的君主浮想联翩？

你岳飞是不是因为淮西军的事情对朝廷怨恨在心，想搞点阴谋出来？

你岳飞是不是觉得在我赵构这里失宠了，想重新找个山头？

如果再想深点，你岳飞会不会学习苗傅、刘正彦，把我给废了，再扶起一个皇子？你的实力可比苗傅、刘正彦强了不知多少个数量级！

…………

个中道理，岳飞也懂，但他偏偏是一个最纯粹的人，如果不让他说出心中的想法，就如鲠在喉，唯有一吐为快，才能让他安心。一如十年前，岳飞还是一个普通的小卒，就敢大胆上书，对朝廷决策发表意见。

只是，十年前的那次"越职言事"，只让他付出了丢掉军籍的代价。而现在，他是朝野瞩目的一方大将，若从高处坠落，只会摔得更痛更惨。

来到建康府后，赵构在便殿召见岳飞。

岳飞这次步入殿中，失去了往日的从容和自信，直到见到赵构的那一刻，他还在犹豫着要不要诵读那份精心准备的密奏。

最终，在责任心的驱使下，岳飞还是颤颤巍巍地拿出奏章，诵读起来。此时，殿内恰恰吹起一阵微风，吹得他手中的奏章摇摆不定，这让岳飞愈加紧张起来，连诵读的声音也因过度紧张而发抖。

听着岳飞的上奏，赵构的脸色越来越难看，嫌恶之情溢于言表。

果然，岳飞刚读完奏章，赵构便用冰冷的口吻扔出了一句话："卿言虽忠，然握重兵于外，此事非卿所当预也！"

你手握重兵在外，怎么能管这类事情！

对于赵构的反应，岳飞本有心理准备，但当他真正从赵构口中听到答复时，心中不免陡生惊惶沮丧之情，或许，还伴着一丝丝后悔。

收到赵构的答复后，岳飞失意地退至殿外，面色阴沉，如死灰一般（色落而退）。

岳飞奋不顾身地进谏，并未取得预期效果，反而彻底碾碎了他在赵构心中的最后一点好感。

绍兴七年，对岳飞而言，是如坐过山车般的一年，上半年，他还是赵构最为倚重的武将，南宋最为耀眼的将星；下半年，却阴差阳错地急速下坠，变成赵构心中最为猜忌嫌恶的人。

年底，岳飞失意地回到驻地。接下来，他将要面对内外敌人的双重夹击。

第十二章 天眷和议

金废伪齐

淮西兵变后，叛将郦琼领着四万多军队投降了刘豫，这让刚刚打完败仗的刘豫喜出望外，连忙把好消息报告金国，并提出以郦琼为向导，再次讨伐南宋。

令刘豫感到意外的是，金国似乎对他报来的消息一点都不感兴趣，并示意他还是消停一点，别一天到晚惹是生非。刘豫不甘心让大好机会白白流失，死乞白赖地请求金国联合发兵。

刘豫的请求终于得到了金国的批准。不过，这回，金国提出了一个附加要求，本次行动，所有兵力均由金国统一指挥（齐兵权听金国节制）。

刘豫觉得这个要求也不过分，傀儡和主子还分得那么清楚干什么？

得到主子的应承后，刘豫便秣马厉兵，准备再找赵构切磋切磋。

与此同时，金国也在紧锣密鼓地部署行动，只是，这回他们的行动目标不是赵构，恰恰是他们的忠实傀儡刘豫。

绍兴七年，当南宋朝廷内部进行激烈的权力博弈时，金廷发生着一场更加剧烈的震动。

前面说到，绍兴五年（金天会十三年，公元 1135 年）金太宗吴乞买去世后，侄孙完颜亶即位成了新君。

根据《大金国志》记载，完颜亶自幼以汉人为老师，学习儒家传统文化，平时最喜欢穿着汉服，喝喝茶、下下棋、听听曲子，研究一下诗词歌赋。他的做派引起了老一辈金国贵族的反感，在这些老人眼中，这个后辈一点都没有女真人威猛刚健的形象，简直就是一个地地道道的汉人（宛然一汉户少年子也）。

而在完颜亶的眼里，那些只知道骑马射箭的老贵族更像是一群不可理喻的老顽固，早就过时了。他不但想学习先进的中原文化，适应汉族的生活方式，连政治制度上也一意模仿宋朝。

完颜亶即位后，当年因为竞争皇储之位而积累的矛盾不但没有消解，反而日益白热化。

当时，蒲鲁虎、斡本、粘罕这三位曾经的皇位竞争者仍是金国最具权势的人。粘罕是军事实力派的代表，平时以元老自居，最为嚣张跋扈，按照枪打出头鸟的原则，他成了第一个倒台的金国大佬。

完颜亶上位不久，便以改革内政为由，在金廷推行了汉化统治，那些拗口的勃极烈制度被废了，取而代之的是汉化官职。蒲鲁虎被任为太师、尚书令；斡本被任为太傅，领三省事；粘罕被任为太保，领三省事。

从官职分配上看，三人都取得了相当于宋朝宰相的地位，但粘罕位居蒲鲁虎和斡本之下，更重要的是，粘罕从此失去了最重要的都元帅一职，没有了统兵权。

相应的，挞懒和兀术分别被提任为左副元帅和右副元帅，成为金军的掌权人，而这两人，都是粘罕的死对头。

绍兴七年六月，完颜亶和蒲鲁虎拿粘罕的心腹高庆裔开刀，以贪赃为名，把他抓进了大理寺，定成死罪。此时的粘罕在朝中孤立无援，他想以免官为民作条件，赎高庆裔不死，可还是遭到了完颜亶的拒绝。

高庆裔死后，粘罕的心腹纷纷受到打击，不久，粘罕自己也在郁郁寡欢中死去。

粘罕一死，最恐慌的要数刘豫。后台突然崩塌了，自己必然没好果子吃，于是，他更加疯狂地想着南下侵略，希望从进攻南宋中找到一条出路。

因此，当郦琼来投靠他时，他立刻把郦琼当作了伪齐的救命稻草，紧紧揪住不放。

但是，刘豫如此操作，反而加速了自己的灭亡。

关于如何处置伪齐政权，粘罕刚死，金国内部就出现了各种不同声音。

第一种意见是废掉伪齐政权，重新再找一个合适的人立为傀儡。对于这个意见，几位掌权的大佬无一人投赞成票。道理明摆着，从张邦昌到刘豫，效果都不怎么样，用现在的话说，客户体验很不好。

第二种意见是废掉伪齐政权，由金国直接接管伪齐疆域。持这种意见的是斡本和兀术，他们同出太祖阿骨打一脉，属于金廷内的主战派。

第三种意见是废掉伪齐政权，将土地还给南宋。持这种意见的是蒲鲁虎和挞懒。

挞懒因为刘豫当年背叛自己，一直怀恨在心，粘罕一死，他立刻上奏完颜亶，认为刘豫属于典型的猪队友，支持他只会空耗金国国力，不如早点收拾了。土地咱也不要了，干脆做人情还给南宋。

在金廷内部，挞懒的意见堪称石破天惊，无论如何，怎么会想到把占领的土地白白还给宋朝呢？莫不是脑子被门夹了？

关于其中的复杂缘由，接下去我们马上要说。

现在，有一点是肯定的，金国大佬们一致认为，刘豫是不能再留着了。

绍兴七年十一月，挞懒和兀术以南下攻宋为名，来到伪齐境内。在离开封不远的滑州，挞懒和兀术命刘豫把军队调往淮上，并要求他的儿子刘麟前来拜见。

由于此前已有"齐兵权听金国节制"的约定，刘豫也就没起疑心，一切都按金人吩咐行事。于是，刘麟只带了少量亲随去拜会挞懒和兀术。可是，人一到，他就被控制了起来。

接着，兀术带兵进入开封，把刘豫也囚禁起来。

不久，金国下诏，将刘豫废为蜀王，送往临潢府（今内蒙古巴林左旗东南波罗城）居住。

自此，维持了八年的伪齐政权被金国轻松摧垮。

伪齐被废后，境内引起了不小的骚动，很多伪齐军民纷纷逃到南宋境内谋生。见此情形，岳飞、韩世忠等主战派上奏赵构，希望能抓住这个千载难逢的机会，锐意北伐。

赵构收到岳飞和韩世忠的奏札，不但没有批准他们的请求，反而下诏狠狠敲打了这两个"不安分"的家伙，命令他们务必严守防区，不许北越边境一步！

岳飞和韩世忠并不知道，此时的赵构，正热火朝天地忙着和金国议和。

关于议和，赵构其实从来都没有放弃过，只因为前面几年金国和伪齐一直不肯松口，他只好硬着头皮主战。如今，金朝的局势发生了翻天覆地的变化，也给他带来了新的机会。

绍兴五年，完颜亶继位后，赵构以问候赵佶和赵桓近况（奉表通问二圣）为名，再次派人出使金国。

这次出使很不容易，宋朝派去的使者直到绍兴七年正月才回来，使臣给赵构带来了一个好消息和一个坏消息，坏消息是父亲赵佶的死讯；好消息是金国内部也出现了主和的声音，其中最有力的推动者便是左副元帅挞懒。

收到赵佶的死讯后，赵构以请求金国归还赵佶的梓宫（皇帝的棺椁）为名，紧接着又派出了一批使臣。

这批使臣中，领头者叫王伦。

王伦也是个传奇人物，他的高祖叫王勖，王勖有个哥哥叫王旦，没错，正是真宗年间的名相王旦。

王伦祖上显贵，但到了他这一代，已经变成了一个破落户。他穷得叮当响，整日无所事事，到处闲逛，直到靖康年间，才由一介平民一跃变成兵部侍郎。

当然，这种神话般的故事也就在靖康年间才会发生。

当时，金军攻破开封外城，京城乱成一片，很多人聚集在宣德门附近闹事，赵桓急得没办法。王伦自告奋勇，表示自己有办法对付闹事百姓，只是苦于头上还没有官衔，不容易服众。赵桓见这时还有个要官不要命的主儿，当即批给他一顶兵部侍郎的帽子。

王伦得到任命后，找来几个无赖恶少冲出去弹压，还真把事情给摆平了，他由此捡到一顶不错的官帽。

赵构登基后，王伦成了第一批被派往金国交涉的使节，结果，一去就被扣了下来，直到六年后，才被放了回来。

绍兴七年四月，王伦第二次受命出行。赵构对王伦的这次出行寄予厚望，临行前，他再三叮嘱王伦，务必给挞懒带一句话："黄河以南的土地，你们既然无法占有，与其交给刘豫，还不如还给我们呢。"

这句话，其实是藏在赵构心中最真实的想法，金国反正只想找个听话的傀儡，何必纠结于是否姓赵呢？只要金国答应议和，他愿意保证自己比刘豫更乖。

王伦带着赵构的期望出发了，这次出行，顺利得超乎想象。

九月，王伦抵达金朝境内，把赵构的话转达给了挞懒。

十一月，他见证了金国废弃伪齐刘豫的全过程。

十二月，挞懒送王伦回去，并客气地告诉他：你可以回去告诉你们的皇帝，阻碍已经消除，和议马上就可达成！

当月，王伦就带着特大好消息奔回宋朝。赵构听后，见梦寐以求的事情即将告成，开心得恨不得亲王伦几口。

激动过后，赵构决定趁热打铁，赶紧把事情彻底敲定。于是，他又叫来了王伦，吩咐道：你也别歇着了，赶紧起身再跑一趟吧。

求　和

王伦从回来到再次出发，间隔不过四天，扣去觐见汇报的时间，估计连胡子都没来得及刮一下，就被要求原路返回了。

金宋议和从未如此顺利过，也难怪赵构那么热情。

但是，如果仔细思虑一下，这回的顺利，似乎有点反常。

事出反常必有妖。

作妖者，正是挞懒。

　　前面说了，挞懒极力主张将伪齐管辖的土地还给南宋，并且在接见王伦后，一口答应宋金议和。

　　这里就会有几个疑问。

　　挞懒为什么要这么做？

　　挞懒又不是金国皇帝，他凭什么拍板决策？

　　首先，挞懒肯定不是什么大善人，突然良心发现的可能性也不大。他这么做，肯定有自己的利益图谋，那么，是不是仅仅为了和死去的粘罕唱反调呢？

　　肯定也不是。

　　如果仅仅因为讨厌粘罕和刘豫，他哪怕主张让土地空着长荒草都行，何必一定要转送给南宋呢？

　　况且，挞懒坚持这么做，还承受着来自金廷内部的大量反对声。

　　在金廷内部，对于挞懒的观点，支持者极少，反对者极多，尤其是热衷打架斗殴的兀术。

　　关于把土地还给南宋的提议，支持挞懒者给出的理由是：我们反正也管不了那么大片的土地，现在我把土地还给宋朝，宋朝必定对我们感恩戴德（我以地与宋，宋必德我）。

　　长期以剽掠为生的女真人，居然做起了道德文章，即使是骗鬼，鬼也不信啊，更不可能让兀术心服口服。

　　事实上，挞懒确实私心满满。

　　所谓"宋必德我"，通常可以理解为宋朝必感念金国的恩德。这里的"我"，自然应理解为金朝。可在挞懒的心里，这个"我"，仅仅是我完颜挞懒而已。

一切，还得从完颜家愈演愈烈的宫斗戏说起。

自从粘罕倒台以后，金国的政治势力分成了两大派。蒲鲁虎和挞懒一党，斡本和兀术一党。而可怜的金熙宗完颜亶，依然是一个有名无实的皇帝。

蒲鲁虎自以为是太宗吴乞买的儿子，理应继承皇位，他痛恨粘罕阻扰自己即位，便和同样讨厌粘罕的挞懒勾结在一起，全力对付粘罕。斗倒粘罕后，两人形成了紧密的政治同盟。

蒲鲁虎当皇帝之心一直不死，他四处安插党羽，背地里小动作不断，掌握军权的挞懒，则成了他朝内最得力的奥援。挞懒也不白帮忙，他在蒲鲁虎支持下成为军内第一人，并牢牢地将山东地区掌控为自己的势力范围。

在斗倒粘罕的过程中，金主完颜亶也是支持蒲鲁虎和挞懒的，但是他们的合作，仅仅是出于敌人的敌人便是朋友的原则，一旦共同的敌人消失，双方的矛盾就凸显出来了。

完颜亶觉察到了蒲鲁虎和挞懒的不臣之心，所以就想着找人牵制，斡本和兀术自然是最合适的人选。

但是，当时蒲鲁虎任太师，斡本任太傅，挞懒是左副元帅，兀术是右副元帅。无论是在中枢，还是在军队，蒲鲁虎和挞懒都正好压了斡本和兀术一头。

于是，为了遏制蒲鲁虎和挞懒的势力，完颜亶又在中枢引入了一位新人——讹鲁观。

讹鲁观，汉名完颜宗隽，太祖完颜阿骨打的第六个儿子。完颜亶命讹鲁观顶了粘罕去位后的空缺，希望能够在朝中增强制约蒲鲁虎和挞懒的力量。

可是，人算不如天算，讹鲁观进入权力中枢后，反而和蒲鲁虎、挞懒搞到了一起，完颜亶偷鸡不成蚀把米，气得直跺脚。

绕了一大圈，回到处理伪齐地盘的问题上，蒲鲁虎、挞懒、讹鲁观都支持把土地还给宋朝。

他们的算盘是，一旦伪齐的土地由金廷直接管辖，等于变相增强了完颜亶的实力，以后想干坏事就麻烦了。相反，如果把伪齐的地盘还给南宋，就相当于把南宋变成了新的"伪齐"，赵构则成了他们可以操纵的傀儡。

换言之，挞懒等人是想拿金国的利益做一次人情，顺便为自己谋取不可告人的利益。

至于为什么由挞懒出面撮合这件事，那就不得不提他在南宋的老朋友秦桧。

根据史料记载，秦桧在回到南宋后，一直没有中断和挞懒的联系，还多次和他私通书信。虽然其中的内容已经无法知晓，但从后面发生的事情看，无外乎两个方面：

秦桧帮助挞懒，把南宋变成挞懒控制下的傀儡；挞懒帮助秦桧促成和议，使他顺利上位宰辅。

如此看来，这真是一个异常和谐的"双赢"局面，一场精妙绝伦的弄权。

于是，绍兴八年（1138）初，在一个"金奸"和一个"宋奸"的撮合下，金国和南宋的和议进展神速。

绍兴八年四月，王伦来到金国境内后，首先拜见了挞懒，接着又被挞懒领着去见了金主完颜亶。见到完颜亶后，王伦提出了宋朝的请和条件，最核心的一条，便是请求把原来刘豫管辖的河南、陕西之地还给南宋。

完颜亶召集大臣讨论与宋议和，斡本、兀术等多数金臣都表示不同意，可当时大权掌握在蒲鲁虎、挞懒、讹鲁观等人手中，最终，金廷还是强行通过了挞懒等人的提议。

五月，完颜亶派使者跟随王伦回去，商讨和议细节。

得到完颜亶的许诺后，王伦立刻陪着金使向临安进发。

绍兴八年二月，赵构见和谈有望，就把行在从建康府迁回临安府。从此，临安成为南宋的都城，再未发生改变。

定都临安后，赵构对宰执班子进行了调整，赵鼎仍是左相兼枢密使，秦桧则升任右相兼枢密使。

绍兴八年六月，金国使节抵达临安，双方的和谈正式开启。

令赵构没想到的是，和谈的消息刚一传开，南宋朝廷便沸腾起来，反对议和的声音在赵构耳边纷纷响起。

反对者的理由五花八门，很多人认为金人向来贪得无厌，现在突然要把如此一大片土地交还宋朝，背后肯定藏着阴谋，所谓"无故请和者，谋也"。

当然，更多反对者是在感情上无法接受宋金议和。

宋金议和与宋辽议和大不相同，因为宋朝和辽国除了一些历史遗留问题，本身并没有什么深仇大怨。可金人就不同了，他们曾经掳走了宋朝的两位皇帝，带来了靖康奇耻，这是不共戴天的血海深仇，现在突然要和仇人讲和，谁受得了？

最后，反对者内心还有一个心结：即使金人真的交还了陕西、河南的土地，那么仍处于沦陷状态的河东、河北以及山东等地呢？一旦和约缔结，是否等同承认金人对这些地区的合法占有？

总而言之，对于宋朝的文臣武将而言，和金人议和，理智上不敢相信，感情上不能接受。

见群臣激烈反对，赵构也有点心慌了，毕竟，众怒难犯。这个时候，深知赵构内心想法的赵鼎站了出来。

赵鼎给赵构出了一个主意，以后再遇到臣子上奏反对议和，也不用掰扯其他理由，就拿死去的徽宗赵佶、母亲韦氏以及长兄赵桓说事。

言下之意，赵构之所以委曲求全，和金人讲和，并不是忘了国恨家仇，只是为了迎回徽宗梓宫及母亲、兄弟而已。

如此一来，赵鼎就为赵构的屈膝求和找到了一张大大的遮羞布——孝道。

古人素来讲求孝道，赵构这么一说，还真压制住了不少口舌。

绍兴八年七月，勉强压下舆论后，赵构不敢有半点耽搁，立刻封王伦为奉迎梓宫使，再次赶赴金朝，去敲定和议条件。

王伦刚上路，赵构又特命韩世忠、张俊、岳飞前来临安朝见，名义上是想听一听他们对和议的意见，其实是想说服这三位手握重兵的大将，支持自己的议和主张。

九月，韩世忠、张俊、岳飞一起来到临安。

对于议和的事情，岳飞历来反感。在他看来，现在金军已经是强弩之末，宋朝完全可以借着强弱易势的机会，筹措北伐，别说收回河南、陕西，就是两河地区，乃至燕云十六州，都应该一股脑儿夺回来！

在赶赴临安的路上，岳飞更是一路打着辞职报告，以此来表达自己的不满。只是，赵构始终没有批准他的请求。

待到达临安，岳飞的态度依然没有改变，面对赵构假模假样的询问，他的回答十分简单：

"金人不值得信赖，议和不靠谱，宰相们谋划国事不周全，将来必为后人耻笑。"

岳飞一点儿都没有给赵构留面子，还借机批评赵鼎和秦桧。

韩世忠的意见和岳飞差不多，唯一的例外是张俊。

张俊不但没有反对议和，而且积极表态支持，引得赵构点头如小鸡啄米。

经过这次朝见，三大将在赵构心目中的印象也发生了巨大变化。

已经备受猜忌的岳飞自然加深了赵构的反感，而此前颇受信任的韩世忠，因为对和议唱反调，印象分掉了一大截。反而是经常掉链子的张俊，借此一举扭转了自己在赵构心目中的坏印象，成为最受宠信的武将。

然而，无论韩世忠、岳飞如何反对，议和的进程已经不可逆转。

千古骂文

在绍兴八年的和议中，赵鼎的处境十分尴尬。

他此前对金人态度强硬，现在又转而赞成与金人议和，一下子被扣上了"首鼠两端"的帽子，骂名和口水接踵而至。

其实，我们也知道，在权力中枢，赵构和秦桧才是最坚定的和议支持者。可赵构是皇帝，大家不敢骂；秦桧是右相，名义上是赵鼎的助手，这样一来，大家自然把矛头都对准了赵鼎。

赵鼎替赵构和秦桧挡了子弹，可赵构和秦桧并不念赵鼎的好，两人反而对赵鼎越看越不顺眼。

秦桧讨厌赵鼎的理由很简单，他惦记着赵鼎的左相之位嘛。赵构讨厌赵鼎，则缘于对和议条件的不同看法。

赵鼎的政治观点，介于战和之间，他不反对与金人讲和，但也不想无底线地退让，他更希望缔结一个地位上平等、具体条件上更优惠的和约。

王伦在出使前曾向赵鼎请教和谈底线，赵鼎交代了两个绝对不可动摇的红线：第一，反对向金称臣；第二，必须按照黄河旧道为界，划分疆域。

赵鼎的第一条是针对金宋关系而言。

当时，为了区分两国的地位高下，一般有两种模式。

一种是在辈分上做文章，什么父子之国（如金国和伪齐）、叔侄之国（如辽国和北汉）、兄弟之国（如北宋和辽国）等等。

另一种是在君臣关系上做文章。如果两国定位成君臣关系，那么称臣者将不再是独立的主体，它需要得到宗主国的册封才能维系统治合法性，甚至连年号都得使用宗主国的（学名"奉正朔"）。

按照赵鼎的意思，两国在辈分上怎么掰扯都可以，哪怕你定成爷孙之国，我也不想管。但是无论如何，宋朝不能对金称臣！

第二条涉及比较实在的领土问题。

金国确实答应将黄河以南的土地还给宋朝，也就是说，两国议和后，将以黄河为界。

但是，这里又牵扯出了一个黄河改道的问题。

建炎二年的时候，时任东京留守的杜充为了抵挡金人进攻，在滑州掘开了黄河河堤，结果，金人没挡住，黄河下游的河道却因此改变方向，从原来的北入渤海变成了南入黄海。

如此一来，关于"以黄河为界"的说法就出现了两种解释，如果宋、金按照新的黄河河道划界，宋朝将会少收回几个州的领土，反之，则会多得相应的土地和人口。

赵鼎主张按照黄河旧道划界，为宋朝多争取点利益。

赵鼎在为老赵家一点一滴地计较利益，赵构却不领情。

关于名分的问题，我们翻翻建炎年间的老皇历就会发现，赵构最初低声下气地向金国求和时，早就不介意称不称臣了。至于领土，那么大片祖宗江山都没了，还介意那些细枝末节干什么？

赵构觉得赵鼎不应该在"细枝末节"上过于纠缠，万一把金人惹毛了，和议告吹了怎么办？

赵构对赵鼎的态度越来越不耐烦，把他的坚持看成了偏执和顽固。秦桧对朝堂风向有着猎犬一般的嗅觉，他敏锐地捕捉到了赵构对赵鼎的态度变化，瞅准时机，在背后狠狠阴了赵鼎一把。

绍兴八年十月，一次宰执奏对后，秦桧故意单独留了下来。

秦桧借着一对一的机会，和赵构商量起和议的事情。言谈中，秦桧把议和的好处说得天花乱坠，力劝赵构与金国讲和。赵构越听越受用，对秦桧的话连连点头称是。

得到赵构的肯定后，秦桧露骨地抛出了自己的观点："关于和议，臣僚们各有不同意见，他们畏首畏尾，不足以断大事。如果陛下真的决定和金国讲和，还请您英明决断，单独和我商量这件事情，不允许其他臣僚干预，如此一来，事情才能办成，不然的话，肯定办不成。"

赵构听了秦桧的话，感觉很有道理，当即表示："没问题，议和的事情，我全靠你了！"

秦桧得到赵构的答复，并没有喜形于色，而是卖关子似的说道："希望陛下还是再认真思考三天，然后我再来奏禀。"

秦桧这么说，是吸取六年前的教训，生怕赵构出尔反尔，再把自己撸掉。

三天后，秦桧再次单独朝见赵构。赵构表示，这回自己彻底想清楚了，坚决支持议和到底。

秦桧也很有意思，居然回复说，陛下还是回去再思考三天，等彻底想明白了再说。

赵构面对秦桧的忸怩，居然也没生气，又回去熬了三天。

三天又过，赵构对秦桧郑重表示：不惜一切代价议和，你放手去干，我不让其他臣子干预！

得到赵构的允诺后，秦桧立刻指使同党对赵鼎发起了攻击。

十月二十二日，赵鼎招架不住，主动递上辞呈，被外放为绍兴知府。

赵鼎外放后，秦桧成了朝中唯一的宰相，自此，秦桧开启了漫长的独相生涯。

十月下旬，秦桧刚刚挤走赵鼎，前方又给他送来了一个"好消息"：金国已经派出"诏谕江南使"前来议和，这次他们带来了和议的最后明细条款，只要宋朝认可，双方和议就可大功告成。

十一月初，金国使节进入宋朝境内，人还未到临安，反对和议的声音就此起彼伏，一浪高过一浪。

前面说了，南宋的大多数臣僚都认为金国答应议和，属于黄鼠狼给鸡拜年——没安好心。这次，他们一听说金国使者的名称，更加证实了自己心中的猜想，立刻群起而攻之。

金国的使节居然称为"诏谕江南使"！

所谓"诏谕"，那是以上对下的口吻，如果两国平等交往，那就该称为"通问"。况且，不称"宋国"而称"江南"，分明是把南宋当藩臣来对待。

当年南唐李煜为了表示顺从，就是自称"江南国主"。如此看来，金国想把北宋对待南唐的那一套，反用到南宋身上，迫使南宋称臣。

更过分的是，金国这次不仅要求南宋"奉表称臣"，而且还必须履行一项极具侮辱性的礼节——跪受国书！

也就是说，宋朝君主必须跪拜在金使足下，接受金国皇帝颁发的诏书。

当然，对赵构来说，他本人对跪着受书并不介意，只要能够与金人议和，别说下跪了，恐怕让他趴在地上也没问题。

然而，赵构毕竟是一国之君，他的下跪，不仅仅代表个人的屈服。

在士大夫眼里，那就是让中原王朝向蛮夷屈膝称臣，太没面子了！

翻遍各朝历史，哪有这样的事情？无论如何都无法接受！

面对汹涌而来的口水狂潮，秦桧果断开启疯狗模式，他在赵构的支持下，连续干翻了多位朝中重臣：

十月二十八日，中书舍人兼直学士院吕本中罢官；

十一月，权礼部侍郎张九成罢官；

十一月六日，殿中侍御史张戒贬官外放；

十一月二十一日，知平江府向子諲自请致仕；

十一月七日，权吏部侍郎魏矼去位；

十一月下旬，枢密副使王庶被迫辞职，出知潭州。

把朝堂清洗一空后，秦桧将亲信孙近、勾龙如渊（勾龙如渊本姓勾芒，因避宋高宗名讳，改姓勾龙）分别提拔为副相和御史中丞，一个帮助自己控制中枢，一个替自己掌控言路，大肆弹压反对声音。

不过，当时反对议和的臣僚实在太多，秦桧的倒行逆施不但没有让反对声消失，反而让更多人加入了反对议和的队伍。

不得不说，秦桧的心理素质是极其强大的，面对上下左右全方位、立体式的谩骂，他依然摆出了一副脸皮超厚、抵抗力超强的姿态，任你怎么骂，就是不为所动！

秦桧的淡定坚持了整整一个月，直到一封奏疏的出现。

枢密院编修官胡铨上疏，乞斩秦桧！

胡铨，吉州庐陵（今江西吉安）人，在上这份奏疏前，他还只是一个小小的八品编修官。胡铨素来刚直不阿，在大家群起上书反对议和的时候，他也按捺不住内心的激愤，奋笔疾书，写了一份奏疏。

正是这份气贯长虹的奏疏，让他在史册中留下了自己的姓名。

此前那些反对议和的奏疏，都以言辞犀利、火药味浓厚著称，大家把上奏疏当成了骂人秀，竞相拿起笔墨对着秦桧开火。

事实证明，文字的火爆性也是有量级的，如果说前面的奏疏是手雷、炸药包的话，那么，当大家拿到胡铨先生的作品后，都会由衷地感叹一句，您这是甩出了一颗核弹啊！

原文太长，我们权且展示其中几处精彩之处：

天下，是祖宗留下来的天下；陛下所坐的皇位，是祖宗留下来的皇位。为何要让祖宗留下来的天下，变成金人的天下？让祖宗留下来的皇位，变成金人的藩臣之位？（夫天下者，祖宗之天下也；陛下所居之位，祖宗之位也。奈何以祖宗之天下，为犬戎之天下？以祖宗之位，为犬戎藩臣之位？）

　　陛下一旦屈膝下跪，祖宗庙堂里的英灵，都将被夷狄所侮辱；祖宗数百年护佑的子民，都将成为夷狄的子民；朝堂宰执，都将成为夷狄的陪臣；所有的士大夫，都将背离民族传统改穿胡服；将来金人更加贪得无厌，你怎么知道他们不会像对刘豫一样对我们无礼呢！（陛下一屈膝，则祖宗庙社之灵，尽污夷狄；祖宗数百年之赤子，尽为左衽；朝廷宰执，尽为陪臣；天下士大夫，皆当裂冠毁冕，变为胡服；异时豺狼无厌之求，安知不加我以无礼如刘豫者哉！）

　　哪怕是最无知的三尺高的小孩，你如果指着猪狗让他下拜，他也必定会感到愤怒。现在金人就如同猪狗，堂堂大国的君臣，却要相率向猪狗下拜，那些孩子都感到羞耻的事情，陛下你却愿意去做吗？（夫三尺童子，至无知也，指犬豕而使之拜，则怫然怒。今丑虏，则犬豕也，堂堂天朝，相率而拜犬豕，曾童稚之所羞，而陛下忍为之耶？）

　　我只是枢密院的一个小官，与秦桧等人不共戴天，我的心愿是希望能处斩王伦、秦桧、孙近等三人，把他们的脑袋砍下来，悬挂示众……如果不能同意奏请，我情愿跳东海而死，也不愿在小朝廷中苟且偷生！（臣备员枢属，义不与桧等共戴天。区区之心，愿斩三人头，竿之藁街……不然，臣有赴东海而死耳，宁能处小朝廷求活耶！）

　　胡铨的奏疏不但直接喊出了"斩秦桧"的口号，而且还把矛头对准了决策人赵构。他说出了无数人想说又不敢说的话，骂得酣畅淋漓，令人拍案叫绝。

　　胡铨完成奏疏后，并没有第一时间呈上去。因为，以他当时的官位，并不能直接将奏疏递到皇帝赵构手中，需要通过枢密院的长官，层层上奏。显然，如果按照正常程序，胡铨的奏疏很可能根本到不了赵构手中，自己已经获罪被罚。

于是，胡铨违反了官员不得私下散布上奏内容的规定，把自己的奏疏交给了朋友，供大家轮流传阅。

胡铨没有想到，他的文章一经散布，很快变成阅读量超高的爆款文章，立刻在社会上引起巨大轰动！那个时候，轮流传阅、人工手抄都已经无法满足大家的需求，有人甚至专门刻版印刷胡铨的文章，进行海量发行。

短短数天里，胡铨的文章发行量超过了苏轼的经典作品，火速突破士大夫人群，传递到临安城的军民百姓之中，又过了段时间，传播范围超过了临安府，连附近州县的军民也知道这起舆论事件。

最夸张的是，后来胡铨的爆文还传到了金国境内，连金人都带着好奇心希望一睹为快，各种版本供不应求，有人不得不出高价来购买（以千金求其书）。

文章火到这种程度，已经非人力所能控制。按照现在的说法，胡铨相当于把内部检举控告件直接发到了网上，还引发了一场重大舆论风波。

事情到了这种程度，上不上书已经无所谓，胡铨也做好了受到严惩的心理准备。

然而，胡铨这边很淡定，秦桧那边却慌了神，他生怕赵构迫于舆论压力，又不想议和了。如果事情反转，赵构毕竟是皇帝，最多出来做一番自我批评，而自己肯定会成为那个背锅的冤大头。

为了试探赵构的态度，秦桧拉上孙近，主动上章待罪，声称自己见识浅陋，威望不足，导致不能让群臣信服，请求赵构定罪责罚。

这个时候，秦桧此前的准备工作起了作用。为了促使赵构下定决心支持议和，他让赵构思考了三天又三天，赵构自己都表态议和之心不动摇，现在总不好意思扔下他不管。

最终，赵构并没有因为胡铨的一篇文章而中断和议，他不但没有惩戒秦桧，反而大包大揽地表示：和议就是我的主意，你们只不过是辅助帮忙而已（卿等所陈，初无过论，朕志固定，择其可行）。

有了皇帝明确表态，蔫掉的秦桧再次满血复活，他立刻替赵构拟旨将胡铨开除官籍，送昭州（今广西平乐县）编管。此后，秦桧迫于公论，又稍微减轻了对胡铨的处分，改为监广州盐仓。

为了那篇伸张正义的文章，胡铨不得不背井离乡。在此后漫长的岁月里，他一再遭受秦桧党人的迫害，辗转边远地区，甚至一度被贬到了海南。

直到绍兴三十一年（1161），这位勇敢的文士才重获自由，此时，离他上疏"乞斩秦桧"，已经二十二年。

跪出和平

绍兴八年十二月下旬，金使来到临安。

随着金使的到来，关于跪拜礼仪的争论也渐趋白热化。

胡铨被处理后，外界的反对声仍未停止，除了朝中的高官外，很多中下级官吏也加入了反对的行列。再后来，反对声浪甚至从朝堂传播到了民间，百姓不会写那些引经据典的文章，他们的表达方式更加直接——在街上到处张贴告示。告示上只有一句话：

秦桧是奸细（秦相公是细作）！

而在金使这边，他们似乎诚心给赵构出难题，在赵构跪拜接受国书一事上丝毫不肯让步，甚至还放话出来，如果赵构不肯跪，他们就转身回去了！

一个让跪，一个不许跪，两边闹得不可开交。

这种两头施压的情况让赵构和秦桧备感难堪，就在这个当口儿，又有一个人站出来提出了意见。

这个人的身份实在太特殊，他让赵构和秦桧的神经更加紧张起来。

提意见的人是主管殿前司公事杨沂中。

杨沂中是最受赵构信任的将领，他算不上主战派成员，对议和也没什么意见。然而，事情发展到这个地步，任何人都不可能置身事外，关于跪受国书的事情，杨沂中不得不从稳定禁军的角度提出点想法。

杨沂中领着几个禁军将领到都堂拜见秦桧。一见面，杨沂中便问秦桧："皇上跪拜金国使节后，万一城内军民闹事，我们该怎么办？"

这个问题把秦桧难住了。

杨沂中说得没错，明州兵变、苗刘之变的事情还近在眼前，万一百姓闹事，禁军该如何处置？万一禁军也出了乱子呢？谁来担这个责任？

秦桧不敢正面回答杨沂中的问题，只能沉默应对。

杨沂中见秦桧当鸵鸟，转头又去找了秦桧的心腹勾龙如渊。见到勾龙如渊，杨沂中直接表明来意："我听说陛下打算跪着接受胡虏的国书，若一定要屈膝行礼，万一引出军民骚乱，我们恐怕也压不住啊。"

接着，杨沂中还满腹委屈地补充："这可不是我们故意生事，毕竟还有三个大将（指岳飞、韩世忠和张俊）在外面，如果他们哪天质问我们：'你们这些宿卫之臣，怎么也让官家（指赵构）行如此委屈的礼仪？'我们也不知如何回答呀。"

要说杨沂中也是个滑头，他敏锐地意识到，跪受国书的事情已经成了烫手山芋，真出了事情，自己弹压也不是，不弹压也不是，为了不让自己莫名其妙地成为背锅侠，他必须逮住秦桧问个明白。

勾龙如渊觉得这事他也做不了主，又把杨沂中的话传达给了秦桧和赵构。

传来传去，皮球最终还是来到了赵构的脚下。

赵构对金国的骚操作也是非常腻烦，自己为了答应议和，已经招来天怒人怨，你金人为什么偏偏要搞个跪拜礼来恶心我呢？成心想激化矛盾、搅黄议和嘛。

现在倒好，连自己的贴身宿卫都提意见了，这事怎么办？

赵构和秦桧、勾龙如渊等人商量来商量去，也没商量出个结果，最后还是请王伦再去交涉一下，看金国使节能不能通融通融。

赵构把所有期待都放到了王伦身上，结果，王伦还是耷拉着脑袋回来了。

好不容易争取来的和议机会，竟然要在这么一点小事上卡壳？赵构气不打一处来，他不气金国欺人太甚，只气那些士大夫喋喋不休，搅了他的好事。

当着秦桧的面，压抑已久的赵构终于爆发了，他声色俱厉地嚷道：

"这些士大夫，只知道从自己的角度考虑问题，想当年我漂在海上求生的时候，即使向金使跪拜了一百回，他们也不管不问的（士大夫但为身谋，向使在明州时，朕虽百拜，亦不复问矣）！"

可是，抱怨归抱怨，难题终究还得有人化解。

为今之计，还是必须在跪受国书这事上找到一个双方都能接受的方案，才能把事情糊弄过去。

于是，秦桧召集心腹，绞尽脑汁想办法。

别说，在这个善于和稀泥的神奇国度里，还真有人想出了一个"主意"。

一位官员向秦桧建议，金使不是要求咱们跪受他们的国书吗？咱们就把赵家祖宗的画像给搬出来，和金国国书放在一起。如此一来，赵构跪拜金国国书就等于是在祭拜祖宗，岂不是两边都说得过去？

要说这个主意，可真是阎王殿里卖狗皮膏药——你骗鬼啊。

先不说金使答不答应，任谁都不会认可这个掩耳盗铃的破主意啊。除了额外再招来一顿口水，基本没啥用。

这个建议连秦桧那里都没通过。

不行，继续想办法。

经过一堆人搜肠刮肚，又一个方案被提了出来，有人提出，可以让宰相秦桧代替赵构行跪拜礼。

理由是赵构现在仍处于三年的守丧期内，不能从事公务活动，可以由大臣代为效劳。

秦桧一听这个理论，眼前一亮！

徽宗赵佶是绍兴五年去世的，现在是绍兴八年，赵构正好还处于守丧期内。对，就拿这个理由说事！

打定主意，秦桧忙不迭地找人和金使沟通，金使被秦桧上了小半天孝道理论课，听得云里雾里，终于勉强接受这套折中方案。

秦桧得到金使的允诺，兴奋地向赵构报喜。至此，难题破解，两人终于长舒一口气。

十二月底，秦桧等宰执大臣来到金人所在的馆驿，秦桧代表赵构跪受了金国的国书。

然后，宋朝准备了专门的玉辂（以玉装饰的帝王车驾），恭恭敬敬地将此国书放在车里，送往朝堂。按照金国要求，宋朝的文武官员还必须在车驾前后引导和扈从。当时，很多官员嫌丢人，并不愿意领这份差事。

当然，"跪受国书"的死结都解开了，秦桧还会怕这种小儿科问题？

没人愿意来，不要紧，就找人穿上官服假扮一下，反正金使又不认识谁是谁。

绍兴八年末，经过秦桧的一番神操作，金国和南宋终于达成和议。当时正值金国的天眷元年（1138），所以，这份和议又称"天眷和议"。

"天眷和议"的内容主要有四条：

第一，南宋向金称臣。

第二，宋金两国以黄河为界，金国将刘豫管辖的河南、陕西之地交还宋朝。虽然和议没有按照赵鼎的设想以黄河旧道为疆界，但金人毕竟答应归还陕西、河南的大片土地。对于南宋来说，如果真的能把土地收归己有，倒也可以看作一个不小的胜利。

第三，南宋每年向金国交纳五十万岁币（其中，银二十五万两，绢二十五万匹）。根据这个条款，宋金之间又回到了"海上之盟"时的状态。

第四，金人答应归还宋徽宗、显肃皇后的梓宫及赵构的母亲韦氏、钦宗赵桓。显肃皇后就是赵佶的郑皇后，她和徽宗一样，被金人掳到北方后客死他乡。

在这里，眼尖的朋友可能已经发现一个问题，金人放归的人员中，为什么会有钦宗赵桓呢？

很多宋史书籍中，都说赵构私心很重，生怕兄长赵桓回来和自己抢皇位，千方百计阻挠赵桓回来。

但是，赵构再不济，他也是个重要的历史人物。对于历史人物，咱们必须客观看待，不能随便扣黑锅。

事实上，赵构是希望金人把赵桓放回来的，也从没忘记向金人提要求。

首先，迎回"二圣"是赵构登基以后主打的政治口号，哪怕到了这回议和，他也在拿迎回母兄做文章，自己打自己的脸，怎么都说不过去。

其次，赵桓的人设早就在靖康之难时就崩塌了，即便是再回来，要威信没威信，要根基没根基，能活命就不错了，更不用说对赵构造成威胁。

最后，也是最重要的一点，赵构热切期盼把赵桓接回来，并不是因为哥俩感情有多好，只因赵桓如果掌握在金人的手中，反而是对自己的潜在威胁！前面已说过，金国内部有不少人就盘算着把赵桓或他的儿子放回开封，真若如此，只会让赵构陷入被动。

所以说，赵桓进入被释放名单，是顺理成章的事情，反而是金国还有点舍不得放弃这个筹码。也正是因为这个原因，导致赵桓回归最终没能成行。

绍兴九年（1139）正月，金使完成议和使命后北归，宋朝的报谢使也跟着金使回去，对金国的"慷慨大度"再次表达谢意。

紧接着，金主完颜亶发布了归还河南等地的命令。

赵构为了庆祝和议达成，下诏宣布大赦天下，同时又对满朝文武进行加官晋爵，不管是不是曾经反对议和，他都摆出了一副宽容的姿态，一律给予优赏。

此时的赵构终于可以惬意地靠在龙椅上，他相信，士大夫和将士们终究是一时义愤，随着时间的流逝，大家也就接受了既成的事实。

是的，一切都将按照他期盼的方向发展，等到交割事宜办妥后，他再也不用过劳心伤神的日子了。

绍兴九年三月，王伦头顶着"迎奉梓宫使""奉还两宫使""交割地界使"三个头衔，来到开封和兀术商谈履行合约事宜。

一开始，事情很顺利，兀术按约定将原属伪齐的地盘悉数交给了宋朝。宋朝在得到土地后，也跟着任命了地方主政官员。

王伦办完手续后，为了等待接收官员的到来，又在开封待了一段时间。正是在这段时间里，他忽然得到了一令人震惊的消息。

形势有变，金国即将毁约南侵！

第十三章 金国背盟

毁 约

王伦的消息来自于一位金国小吏。

王伦第一次出使金国的时候，曾被扣留了整整六年。在那段时间里，他结识了一些金国人，这位小吏便是其中之一。如今，他正好在兀术帐下办差。

小吏向王伦透露了一个惊天秘密：兀术正打算办了挞懒，然后撕毁金宋和议。

原来，粘罕倒台后，金国大权一直掌握在蒲鲁虎、讹鲁观、挞懒三人手里。尤以挞懒最为嚣张，自从顶替粘罕掌握军权后，他比粘罕还要粘罕。

完颜亶为了夺回实权，决心倚重斡本和兀术，除掉挞懒这个三人组合。

于是，一场惨烈的权力角逐又在金廷内部酝酿起来。

王伦获知消息后，赶紧秘密上奏，建议朝廷立即做好应变准备，让张俊、韩世忠、岳飞、吴玠领四支大军分别进驻开封、应天府、洛阳以及长安，趁金人还未翻脸，赶紧把地盘占住。

赵构和秦桧收到消息后，并没有按照王伦的建议采取行动，反而命令他抓紧时间渡河北上，赶紧把徽宗、显肃皇后的梓宫以及韦氏、赵桓给要回来。

赵构和秦桧不支持派兵进驻中原地区的一大理由是钱粮不济，短时间内无法供应如此庞大的军队。除去明面上的理由，赵构和秦桧都还有一丝侥幸心理，觉得金国还没有公开撕破脸，自己贸然调军，反而落人口实。

胆小也罢，困难也罢，反正赵构和秦桧没有利用宝贵的时间积极应对，那些新收复的地区虽然名义上已经归属宋朝，却一直处于不设防的状态。

王伦在开封急红了眼，等来的却是一封封催促北上的命令。

绍兴九年六月，王伦硬着头皮渡河北上，他刚到中山府（今河北定州），就被金人扣了起来。

此时，金国的内部斗争已经全面爆发。

六月，完颜亶挖出了一个谋反案，顺便把事情引到了挞懒等人头上。

七月，完颜亶利用一次朝见的机会，果断将蒲鲁虎、讹鲁观逮捕并处死！接着便是宣布罪状、搜捕同党、兴起大狱等一系列常规操作，短短两个月，蒲鲁虎一党被斩尽杀绝。

蒲鲁虎倒台的时候，挞懒因为资历深厚加上兵权在握，被免去死罪，可仅仅一个月后，他再次被人告发谋反。挞懒本想抽身逃跑，最后还是被兀术率兵追上，当场砍了。

蒲鲁虎、挞懒一派垮台后，斡本升任太师，兀术升任都元帅，两人全面控制金国朝政。

由此，金国对宋朝的态度立刻来了个大变脸。

十月，王伦被带到上京会宁府（今黑龙江哈尔滨市阿城区）拜见完颜亶。

王伦见到完颜亶后，仍然拿和约说事。此时的完颜亶根本没兴趣和王伦谈和约履行，反而派人指责王伦只认挞懒，不认金国。

接着，完颜亶又对宋朝的奉表吹毛求疵，挑出了一大堆文字毛病，还提出了增加岁币、遣返投归南宋人员等一堆新条件。

要说完颜亶的做法其实很没道理，你们金国内部的那些破事和我们宋朝有什么关系？当时的和约是以金国名义与宋朝签订的，又不是盖着挞懒的私人图章，怎么说都不该由宋朝来承担责任嘛。

只可惜，当时也没什么国际法，王伦也找不到说理的地方。反正，完颜亶一口咬定挞懒和宋朝勾结，出卖金国利益，这个和约是甭想履行了！

最终，完颜亶把王伦给扣了下来，让副使回南宋去复命。

绍兴十年（1140）正月，副使回朝，向赵构和秦桧报告变故。

不过，这两位依然没有放弃和谈的希望，继续派出使者出使金国，希望能再和完颜亶商量商量。结果，新任使节刚进入河北，就得到了王伦的同等待遇，被囚禁起来。

赵构和秦桧还在挥动橄榄枝，金国却已经在磨刀了。

绍兴十年五月，兀术在祁州（今河北安国）元帅府阅兵，宣布完颜亶的伐宋诏书，以宋朝勾结挞懒为名，撕毁"天眷和议"，起兵伐宋。

赵构见和议告吹，只能边摇头边下诏抗敌。

抵抗金国入侵，赵构是迫不得已，但对于兀术的痛恨，那却是情真意切。自他登基以来，这个兀术一直是萦绕在他身边的一个幽灵，扬州吓得屁滚尿流因为兀术，明州海上漂流因为兀术，现在好不容易谈出个和约，又因为兀术破产了。

因此，赵构在发布诏书的同时，特别颁布了擒拿兀术的赏格，规定凡是有能擒杀兀术的将领，已经担任节度使的直接升任宰执，没有节度使衔的直升节度使；其他人赏银绢五万、田一千顷、豪宅一座！

为兀术的人头定好价码后，赵构又为韩世忠、岳飞、张俊等人加封官职，命令他们全线出击，阻击金军（早干吗去了）。

于是，时隔两年半，宋金两国再次爆发大规模战争！

这回，兀术工作热情比以往更高了，他一改以往秋冬出师的常规，在没有高温补贴的情况下，坚持盛夏出兵，把宋朝打了个措手不及。

宋朝在新接收的地区并未配置足够兵力，战事一开，基本呈现了一边倒的格局。金军如风卷残云一般，短短一个多月的时间里，便重新夺回了陕西、河南等地。

金军虽然开场打得很顺，但当他们进入南宋的成熟防区时，立刻遭到了各路宋军的顽强抵抗，进攻势头很快受到遏制。

绍兴十年的金宋大战，依然是西、中、东三线厮杀。

在西线的陕西，由于宋朝名将吴玠已经在绍兴九年七月去世，统兵主将换成了他的弟弟吴璘。好在吴璘也是个知兵之人，能力不逊于兄长。在吴璘的主持下，宋军多次击退金军进攻，成功守住西部防线。事后，吴璘因功继任镇西军节度使。

东线的主力是韩世忠，韩世忠采取以攻代守的策略，率兵攻占海州，可面对防守严密的淮阳军，他久攻不克，双方至此进入僵持状态。

西线、东线都只是金军的偏师，双方的主力决战位于中部。

这次，兀术亲率十万主力气势汹汹杀来，夺回开封后，一路南下。他所要面对的对手，则是驻守京西、湖北的岳飞和驻守淮西的张俊。

不过，在中原战场，为宋朝博得了头彩者，既不是名将岳飞，更不是草包张俊，而是一员尚不知名的将领——刘锜。

顺昌大捷

刘锜，字信叔，绍圣五年（1098）生人。

在前面的富平之战中，他其实已经和我们打过一个照面。

刘锜的父亲刘仲武官至泸川军节度使，刘锜是刘仲武的第九个儿子。刘仲武长期在西北边境征战，刘锜作为军营子弟，从小就跟在父亲后面见识刀光剑影，并自学了一身好武艺。刘锜最为人称道的是他的箭法。相传，在一次跟随父亲出征的过程中，刘锜见营帐外放着一个盛满水的水桶，一时手痒，就对着木桶射了一箭。一箭过去，箭镞直挺挺地插在了木桶上，有人过去拔掉箭后，桶中的水立刻从箭孔中汩汩地流了出来。刘锜不慌不忙，再次张弓搭箭，又射出一支，箭如同带了导航一般，不偏不倚，正中此前的箭孔，居然又把漏洞给堵上了！

从此，刘锜远程操控水龙头的事情传遍军营内外，为他赚得一个神箭手的美誉。

张浚到达陕西后，刘锜和哥哥刘锡都受到了重用，后来的事情也说了，刘锡因富平战败被追责，断送了军事生涯。刘锜则带领残部继续和金军周旋，后因部将的叛变吃了场败仗，结果被贬官到了绵州（今四川绵阳）。

绍兴三年，刘锜被重新起用。绍兴九年，刘锜出任主管侍卫马军司公事，成为禁军宿卫部队中一员主将。

绍兴十年初，赵构得知金国即将撕毁合约，被迫开始着手军事部署。当时韩世忠、岳飞等人都曾主动请缨，意图把防线推进到河南腹地。但是，赵构更倾向于保守的应敌策略，他没有答应岳飞、韩世忠等人的请求，而是舍近求远，从临安的禁军中抽调了一支部队北上布防。

接受此项任务者，正是刘锜。

绍兴十年二月，赵构任命刘锜为东京（开封）副留守，领一支两万人的军队前去抢占开封。

四月，刘锜自临安出发，经水路向开封进发。当刘锜率军抵达顺昌府（今安徽阜阳）的时候，前方却传来了一个坏消息——金军抢占开封。

如此一来，刘锜人还在路上，目标任务已然无法完成。

不久，刘锜又得到一个消息：金军一路向南杀来，先头部队已经抵达陈州（河南周口市淮阳区），离他驻兵的顺昌府近在咫尺。

到底是留下来抵御金军，还是回撤江南？一道艰难的选择题摆在刘锜面前。

为了商讨下步行动计划，刘锜在顺昌府召开军事会议，参会将领的意见非常一致——回去。

形势明摆着，中路是兀术所率的精锐，这里又是利于金国骑兵的平原地带，士气、实力都不在自己这边，仗还怎么打？

刘锜静静地听完诸将的意见，说出了自己的看法："我本是奉命前来留守开封，现在虽然开封丢了，但军队并无损失，又有顺昌城可以坚守，为什么要拱手送给金人呢？"

众将听完，本还想再说些什么，但刘锜并没有给他们再发表意见的机会。他脸色一沉，拔出佩剑，正色告诫诸位将校："我主意已定，如果还有谁提议回去，斩！"

打定主意坚守后，刘锜命人办了两件事：先是把来时所乘的船只统统凿沉，摆出破釜沉舟之势。接着，他又把随军而来的家眷安置在了一座寺庙中，同时派人在庙门堆满了柴草。待一切布置停当，刘锜叫来寺庙守卫，下达了一道让所有人冷汗直冒的命令：

"如果此次作战不利，你就烧了我的全家，不要让他们落入敌人手中，免遭污辱！"

诸将见刘锜转眼变成了升级版韩信，都吓得面如土色，再也不敢有二心，只能一门心思想着和金军死磕。

稳定人心后，刘锜立刻开启了全员备战模式，遣人侦察敌情、分配城门守卫、准备守城器具、迁移城外百姓……一时间，顺昌城内，全民皆兵。刘锜更是亲自上城督战，衣不解带地布置城防。

经过一段时间的忙碌，刘锜初步完成了顺昌府的城防准备。与此同时，金军的骑兵部队已渡过颍河，进逼到顺昌城下。

五月底，兀术爱将韩常率领三万金兵率先对顺昌城发动攻击。战事刚开始，金人就碰到了一个问题，他们的箭根本就够不到宋军！

原来，刘锜为了加固顺昌城，在城外又修筑了一道矮土墙，同时还在土墙上开凿了几个洞穴作为简易城门，宋军藏身在矮墙后，以作灵活防守。如此一来，金人为了避免被突击，只能从较远处射箭，可弓箭射程有限，除了免费为宋军提供箭支外，根本无法发挥作用。

那金兵能不能直接冲击矮土墙呢？这一点，刘锜早就为他们想好了。为了迎接远道而来的"客人"，他命人打造了大量射程远、威力大